昭和・平成

【実録】

女子プロレス秘史

［スターダム代表］

ロッシー小川

WORLD WONDER RING STARDOM

彩図社

①ウエンディ・リヒター②WWF世界女子タッグ王者のJBエンジェルス　③レイ・ラニ・カイ＆ジュディ・マーチン　④デビー・マレンコ　⑤WWF世界女子王者として来日したメドゥーサ　⑥ラスカチョとメキシコにて　⑦プロレス記者クラブの表彰式　⑧ユニバーサルの同窓会をみちのくプロレスで開催

全日本女子プロレス時代

⑨

⑩

⑪

⑫

⑬

⑭

⑨クラッシュ・ギャルズと。私の20代後半から30代前半にかけては、文字通り、クラッシュとともにあった。⑩いまはなき晴海ドームで開催した全女のイベントの　コマ。昔のポスターやグッズを展示　⑪北朝鮮の「平和の祭典」で新日本プロレスの選手たちと。ここでビッグカップルが誕生するとは思いもよらなかった　⑫「レッスル・マリンピアード1989」に参戦した外国人選手たち　⑬府川由美20歳の記念に〈週刊プロレス〉で愚乱・浪花と取材を受ける　⑭同世代の福岡晶、コマンド・ボリショイ、長谷川咲恵と

ルチャとの出会い

① 1997 年の CMLL ジャパンツアーには、大勢のルチャのエストレージャたちが来日した　②メキシコでは〝太陽仮面〟ソラールの自宅に招かれた　③〝孤狼仮面〟ソリタリオとは日本で記念撮影　④〈週刊ゴング〉の依頼でミステリオッソを特写　⑤〝聖者二世〟イホ・デル・サントと全女の道場で　⑥日本でも活躍したワグナー Jr、ロス・カウボーイズ　⑦黄金マスクを被った〝暗黒仮面〟ティニエブラス　⑧〝神の子〟ミスティコと新日本プロレスの両国大会で　⑨ AAA の創設者アントニオ・ペーニャのポートレート

スターダム

①第一回タッグリーグ戦後に打ち上げパーティーを開催　②両国大会で引退試合を終えた愛川ゆず季と記者会見　③スターダムのマスクフェスタにはマスカラスも参加　④⑤2017年には還暦祝いパーティーを開催　⑥世界選抜の美女たちと　⑦大江戸隊のメンバーたちと　⑧〝ドイツの超獣〟アルファ・フィーメルと〝イタリアの女巨人〟クイーン・マヤ

レジェンドとの一枚

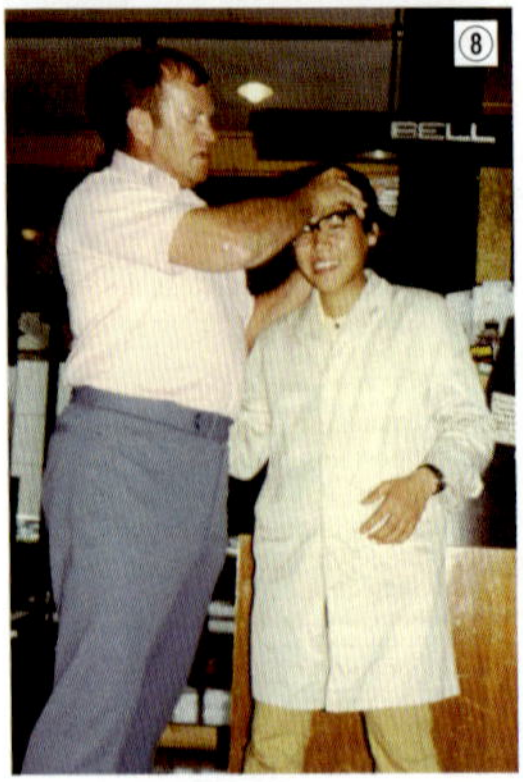

①初代タイガーマスクと取材で対面　②マスカラス、ザ・デストロイヤー、ドスカラスと　③〝神様〟カール・ゴッチ　④初代ブラックタイガー　⑤ブレット・ハート　⑥〝金髪狼〟ニック・ボックウィンクル　⑦テリー・ファンク、マスカラスと　⑧フリッツ・フォン・エリック　⑨リック・フレアーと北朝鮮で　⑩ HBK とワシントンで

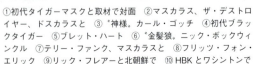

覆面コレクション

ミステリオッソ

ドクトル・ワグナー Jr

ドスカラス

女子プロレス関係

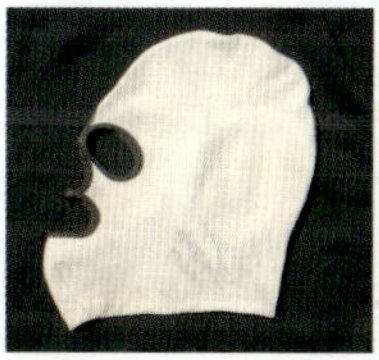

ザ・デストロイヤー

ミル・マスカラス

カネック

ティニエブラス

ウラカン・ラミレス

ソリタリオ

フィッシュマン

ブルー・デモン

オロ

レイ・ミステリオ

ドスカラス Jr

ブルー・インフェルノス

プロレスお宝グッズ

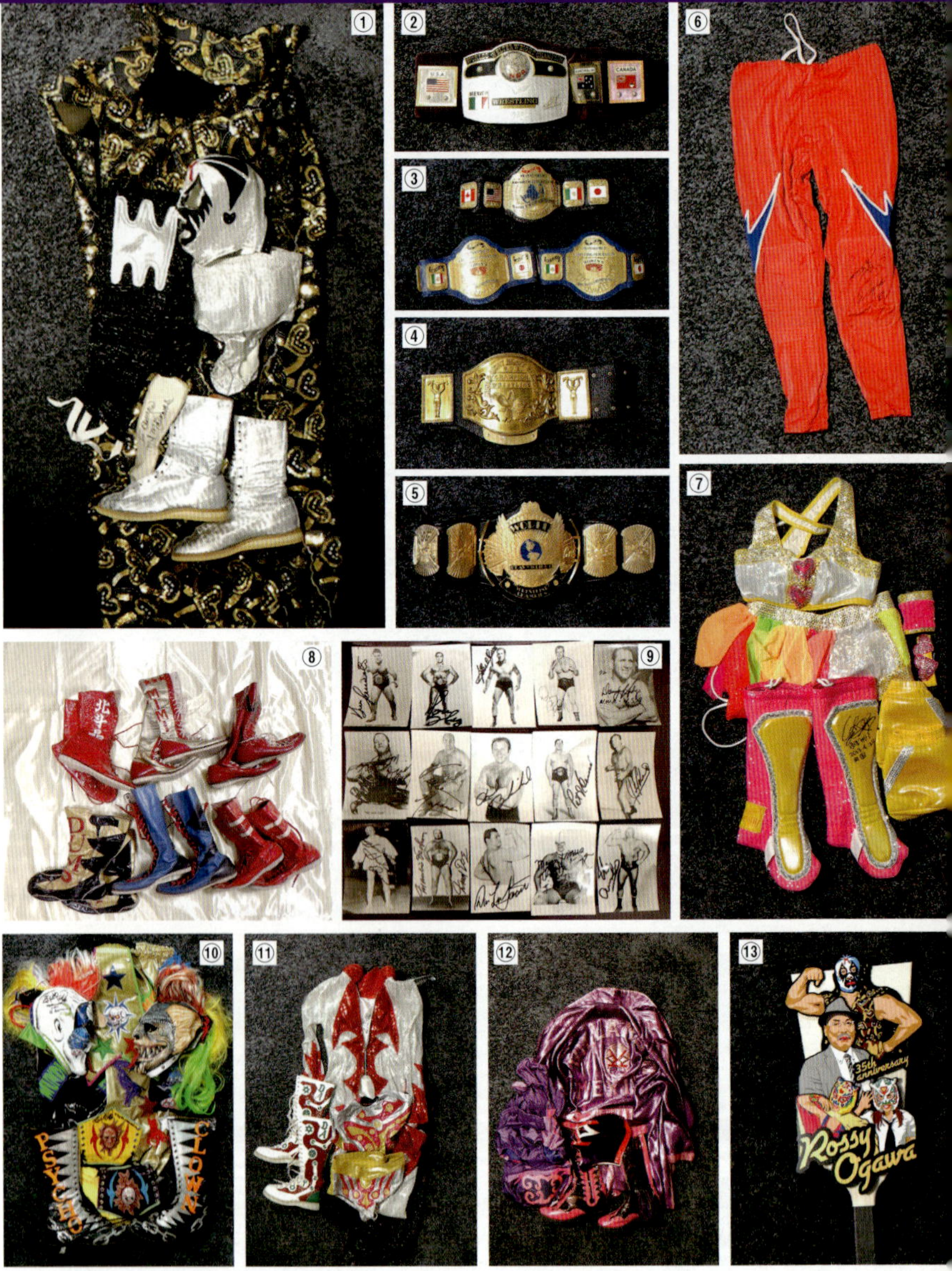

①ミル・マスカラスのコスチューム一式　②NWA 世界ウェルター級王座のベルト　③TWF シングル王座、タッグ王座のベルト　④UWA ライトベビー級王座のベルト　⑤WWF 世界ヘビー級王座のベルト　⑥長与千種のタイツ　⑦両国大会で着用した愛川ゆず季のコスチューム　⑧北斗晶やミミ萩原、ダンプ松本などのリングシューズ　⑨レジェンドレスラーのブロマイド　⑩サイコクラウンのコスチューム一式　⑪ダーク・エンジェルのコスチューム一式　⑫ビジャノ３号のコスチューム一式　⑬プロレス業界歴 35 周年を記念して頂いた変わり羽子板

【実録】昭和・平成 女子プロレス秘史

［スターダム代表］ロッシー小川

彩図社

まえがき

私の人生は、つねにプロレスとともにあった。

テレビで放映されるプロレスに夢中になった少年時代。

やがてカメラを携えて会場を回るようになり、ひょんなことから全日本女子プロレスの松永会長（当時は社長）の知己を得て、全女に就職。

広報担当としてビューティ・ペアやクラッシュ・ギャルズが生み出した女子プロレスブームの渦中に身を置き、90年代前半に始まった団体対抗戦時代にはマッチメイカーとしてファンが求める刺激的なカードを連発した。男性ファンを夢中にさせた空前の女子プロレスブームをけん引したことから、〝女子プロレスの仕掛け人〟と呼ばれたこともあった。

それから私は自分が理想とするプロレスを実現するために、全女を離れて、「アルシオン」を立ち上げた。超満員の観客であふれかえった旗揚げ戦の後楽園ホール。しかし、それから5年で私は団体を潰し、一度はプロレス表舞台から姿を消した……。

だが、私はいまこうして「スターダム」を率い、再び女子プロレスの王道を歩んでいる。

この業界はとにかく浮き沈みが激しい。昨日は栄華を誇っていたものが、今日にはボロを着ている。そんなことが平気で起きる世界だ。

事実、全女時代から今日にいたるまで、私は様々な業界人と知り合い、仕事をしてきたがいまでもこの業界に残っている人物は指で数えるほどしかない。とくにクラッシュブームや対抗戦といった〝古い時代〟を知る者は、ほとんどいなくなってしまった。

私は音楽やスポーツなどでは古いものを好む傾向があるが、こと女子プロレスに関しては常に現在進行形だ。よくマスコミ関係者に「昔の全女の話を聞かせてほしい」などと頼まれることがあるが、正直なところ、あまり喜ばしいとは思わなかった。そもそも、いまと昔では時代が違う。現在の女子プロレスと全女時代の女子プロレスを比べるのはナンセンス。古い話にこだわってばかりいては、女子プロレスは進化しない。現在でも日本国内には女子プロレスを名乗る団体が10以上もある。もっといまの女子プロレスに興味を持ってほしいというのが、私の本心だ。

だが、プロレス業界に入って41年。還暦を迎えて、プロレス人生が終盤戦に差し掛かったことで、そんな考え方も変わってきた。

私が過ごした40年余りの時は、全女からスターダムへと通じる日本女子プロレスの歴史である。その中にはもう私しか目撃者が残っていない事実もある。そうした、私の目を通して見た、いわば〝日本の女子プロレスの秘史〟とでもいうべきものを、記憶が確かなうちに残しておくべきではないか、と考えるようになったのだ。

そうして筆をとり、まとめたのが本書である。

本書は全女からはじまった、私の41年にもおよぶ女子プロレス業界の集大成といえるものだ。

第一章は、対抗戦以前の全女時代を中心にまとめた。単なるひとりのプロレスファンに過ぎなかった私がなぜプロレス業界に入れたのか。私の目を通して見たビューティ・ペアやクラッシュ・ギャルズ、松永兄弟についても書いている。

第二章は、団体対抗戦の舞台裏について書いた。女子プロレスが燃え上がったあの時代、リングの外では団体同士の激しい駆け引きがあった。

第三章は、全女を離れ新団体を設立するまでを書いた。興行の不振、投資の失敗で傾いた全女帝国。その裏側では〝新団体設立〟を巡って虚々実々のやりとりがあった。

第四章は、理想の団体として立ち上げた「アルシオン」の興亡記をまとめた。夢の団体「アルシオン」はなぜ潰れたのか。総括の意味を込めたつもりだ。

第五章は、アルシオン後の暗黒時代を書いた。住むところを失い、車上生活へと転落。それでも私はプロレスから離れることができなかった。

第六章は、スターダムの立ち上げから4年周年までをまとめた。スターダム立ち上げにまつわる経緯や、プロレスマスコミはもちろん、一般社会をにぎわせることになった〝凄惨試合〟についても書いている。

第七章は、スターダムの現在とこれからについて書いた。WWEへの主力選手移籍の舞台裏など、これまでマスコミに出なかった話も隠すことなく書いた。

本書は全女から始まった私の41年に及ぶ女子プロレス業界歴の集大成であり、山あり谷あり、嵐あり、人間関係の物語の軌跡でもある。

状況や環境がどんなに悪くても、私はめげずに突っ走ってきた。プロレスを信じて生き延びてきたのだ。辿り着いた先は女子プロレスの進化系スターダム……様々な経験や体験をしてきたが、今が一番充実していると言い切れる。

いくつになっても〝現在進行形〟であるロッシー小川の人生をとくと御覧いただきたい。

2019年1月吉日　ロッシー小川

【実録】昭和平成女子プロレス秘史　目次

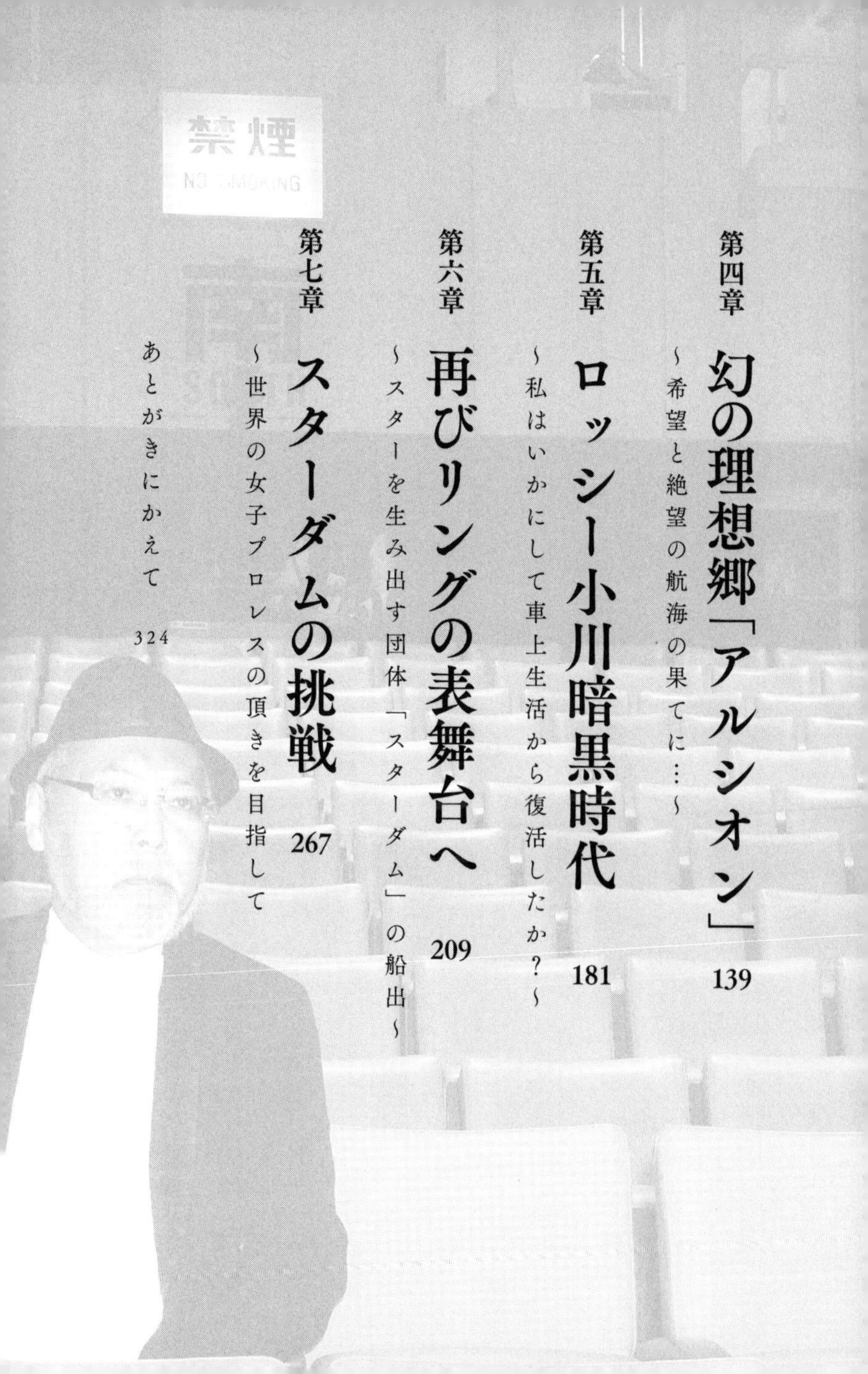

禁煙
NO SMOKING

第一章
女子プロレスと青春
～全日本女子プロレス、その驚くべき内幕～

プロレス好きの少年

私がプロレスと出会ったのは1967年、10歳の時だった。

そもそも物心ついた時からTVがとにかく好きで、アニメや特撮ヒーローの虜になり、歌番組やアメリカのドラマに釘付けになり、スポーツではプロ野球の読売ジャイアンツや大相撲の大鵬のファンになった。ところがプロレスをTVで見たことにより、私の生活は一変する。

当時、プロレスと言えばTVのゴールデンタイムで放送されていた**日本プロレス**※を指していた。ジャイアント馬場、アントニオ猪木、そして強豪外国人の数々……プロレスの世界には善悪のドラマやスポーツの感動、未だ見ぬアメリカという大国まで、多くのジャンルを満たす夢があった。10歳の少年はプロレスにイチコロになり、以降の生活はプロレスを中心に回っていった。

学校の授業中には架空のマッチメイクを考えたり、自作のプロレス漫画を描いたりもした。小学生時代はクラスで一番背が高く体重もあったから、休憩時間や放課後のプロレスごっこでは中心人物でもあった。でもプロレスラーになりたいという願望はなかった。当時、プロレスラーは誰よりも〝大きくて強い〟という概念があり、やる方よりも見る方を選択したのだ。

最初はTVを見ているだけで「自分以上にプロレスを知っている人はいない」と勝手に錯覚して

いたが、専門誌の存在を知るとさらにのめり込む。

外国人の名前や各団体のチャンピオンなど、どんどん知識が構築されていく。当時はインターネットなど存在しない時代だから、TVや雑誌で見るか実際に会場に足を運ぶしかなかった。

初観戦は1968年1月の**TBSプロレス（国際プロレス）**※、千葉公園体育館。

この時は二階席で観戦したが、以来、千葉市にプロレス興行がきた時には毎回出向くようになる。やがてそれだけでは物足りなくなり、1971年7月には初めて一人で後楽園ホールに足を延ばした。実家のある千葉駅から水道橋駅まで約50分、14歳の少年にとってはちょっとした冒険だった。

そして1年後、運命の出来事が待っていた。1972年6月、後楽園ホール。

たしかミル・マスカラスが羽飾りの民族衣装で入場し、マサ斎藤と試合をしたあの日だ。

観戦後にエレベーターで1階に降りると、あるファンが外国人レスラーのサイン色紙を仲間に見せていた。私が「サインはどこでもらえるんですか？」と尋ねると、「宿泊しているホテルでもらったんだ。これからホテル・ニュージャパンに行くけど、一緒に行かない？」と誘ってくれたのだ。

当時、後楽園ホールの会場内は少年ファンで埋め尽くされ、レスラーにサインをもらうのは至難の業だった。この頃はいまと違って、選手が試合会場でサイン会をすることなどあり得なかった。だから、サインが欲しければ、会場で販売されているパンフレットを買って、そこに自力でサインをもらうか、写真を撮るかぐらいしか手段はなかった。そんな状況だからサインに対する欲求が強かったのだろう。

しかし、初ホテルは外国人選手と会えることがなく、終電の時間がきてしまった。私が落胆していると、そのファンはこんなことを教えてくれた。

「来週の日曜日には※**ボボ・ブラジル**がいるから……」

以来、私は外国人選手のサインを求めてホテル通いに勤しんだ。

ほぼ毎週のようにホテルに通い外国人選手のサインを収集した。そのうち同志と呼べる仲間もできて、プロレスが新しい出会いも運んでくれた。その仲間たちとは今でもプロレス抜きで交流が続いている。

その時代のプロレスは日本人vs外国人という図式が定番で、私にとって外国人はスターそのものだった。外国人の宿泊するホテルに出向き部屋を訪ねて、服を脱いでもらい上半身裸でポーズ写真を撮るなどは当たり前で、だんだんタイツ姿になってもらったりと私の要求はエスカレートしていく。要するに雑誌に載っているような写真を撮りたかったのだ。これは外国人女子レスラーも同様で大半の女子はコスチュームに着替え、少年ファンの要望に応じてくれた。今となっては信じられないことをしていたものだ。

私にとってプロレスラーは日本人ではなく、外国人だった。

外国人と接するといろいろな出来事もあった。〝インドの猛虎〟※**タイガー・ジェット・シン**に「写

カメラ小僧時代の思い出の一枚。ご存知、日本武道館で 1976 年 6 月 26 日に行われたアントニオ猪木 vs モハメド・アリの異種格闘技戦。リング中央付近、アントニオ猪木の左側でカメラを抱えているのが若き日の筆者。当時は関係者ではなく、ただのファン。試合終了後に勢いでリングに上がってしまった。いまでは考えられない 1 枚だ。

70年代の少年ファン時代に収集した外国人レスラーサイン集

アンドレ・ザ・ジャイアント

フリッツ・フォン・エリック

ジャック・ブリスコ

スーパースター・ビリー・グラハム

ジン・キニスキー

スタン・ハンセン

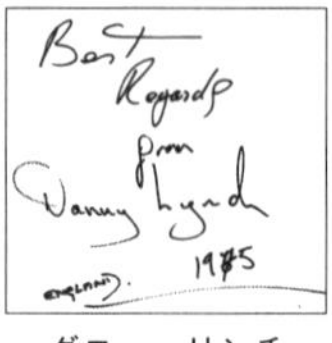
ダニー・リンチ

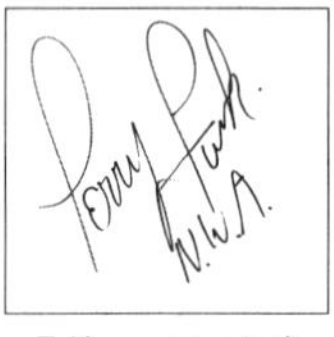
テリー・ファンク

ドリー・ファンクJr

ボブ・バックランド

ルー・テーズ

レイ・スチーブンス

ミスター・レスリング

マクガイヤー・ブラザーズ

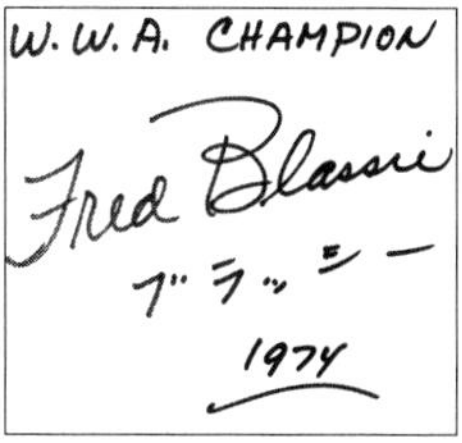

フレッド・ブラッシー

ザ・デストロイヤー

イワン・コロフ

ディック・マードック

ダスティ・ローゼス

タイガー・ジェットシン

ブリスコ・ブラザーズ

バーン・ガニア

テキサス・アウトローズ

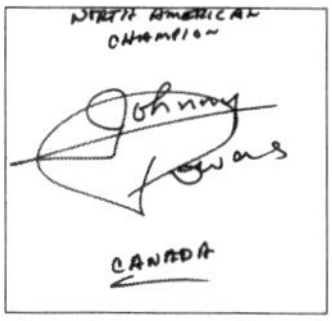

ジョニー・パワーズ

コーア・チキ

キラー・コワルスキー

カウボーイ・ビルワット

ボボ・ブラジル

アントニオ・ロッカ

アブドーラ・ザ・ブッチャー

ブルーノ・サンマルチノ

真が撮りたい」とロビーで頼むと、「ついてこい」と言われ一緒にエレベーターに乗った。部屋のある階に着くと今度は「ところでお前は誰だ?」と聞かれたので「ファンだ」と答えたら、「ゲラウェイ・ヒア!(ここから出て行け!)」といきなりアゴを殴られた。私は一目散に逃げるしかなかった。だが性懲りもなく翌週、シンに近づくと今度は向こうの方から「写真を撮らせてやるから、部屋にこい!」と言われた。恐る恐る部屋に入るとシンはターバンを頭に巻き、サーベルまで口に咥えてポーズを取ってくれた。

ジュニア・ヘビー級の実力者**ダニー・ホッジ**※はリンゴを片手で握り潰す特技があることを知っていたので、学校帰りにリンゴを2つ購入しホテルの部屋に持参すると、いとも簡単に握り潰してくれた。その光景を撮影するのはプロレス・ファン冥利に尽きた。また新人で初来日した**リック・フレアー**※には部屋に行く手間を省き、ホテルのトイレで服を脱いでもらい撮影をした。のちに世界的なレジェンドとなったフレアーに対しまったくもって失礼な限りだったが、来日した選手を全員撮影するには、時にはこんな手段を使ったものだ。

雑誌〈ゴング〉で女子プロレスを知る

そんな私が女子プロレスと遭遇したのは、雑誌〈ゴング〉のグラビアだった。

〈ゴング〉は当時月刊誌だったが毎号１ページの割合で女子プロレスの記事を載せていた。

１９６９年には東京12チャンネル（テレビ東京）で**日本女子プロレス協会**※の放送が始まった。昭和40年代はＴＶ放送がスタートした日本女子プロレスと、後に老舗となる**全日本女子プロレス**※の２団体時代。ＴＶではエースの**小畑千代**※がＩＷＷＡなるベルトを巡り、アメリカから来日する外国人を相手に奮闘。ロメロ・スペシャルやエアプレーン・スピンを駆使し、無類の強さを誇っていた。

全日本女子プロレスはデイリースポーツの後援を受け、日本テレビの「11ＰＭ」で昭和48年頃から不定期で放送。**赤城マリ子**※や**ジャンボ宮本**※、**星野美代子**※が中心選手だった。初観戦は１９７４年３月の後楽園ホール大会。観客席を見渡しても少年ファンはおらず、中年男性ばかりだった。私は勝手にエプロンサイドで試合を撮影した。いまなら許されないことだが、当時は取材カメラマンもいなかったので、気ままな撮影が黙認されたのだ。

リングの主役は16歳の**マッハ文朱**※で、人気番組「スター誕生」の決戦大会であの山口百恵と争ったことが宣伝ポイント。このマッハの台頭こそが女子プロレスが世に出るきっかけになった。

１９７５年からは東京近郊の大会にカメラをぶら下げて出入りするようになった。次第に関係者と顔馴染みとなり、入場料を払わない〝顔パス〟という身分になった。当時の女子プロレスは好奇心で見にきた客がほとんどで、私のように試合や選手に興味を持つファンは皆無だった。会場に行ったら松永会長（当時は社長）に話し掛け、質問攻めにした。松永社長にしたら、きっとそんな私はおもしろい存在だったと思う。女子プロレスをプロレスとして真剣にとらえている珍しいファンだからだ。全女とはファンとしてその後も関係を深めていき、パンフレットに私の撮った写真が名前入りで掲載されるようになった。

〝ビューティ・ペア〟の登場

1970年代後半のプロレス界は新日本プロレス、全日本プロレスが双璧の時代。ユニークなアイデアがあったがややマイナーな国際プロレス、そして全日本女子プロレスの4団体しか存在しなかった。

しかし、女子プロレスはプロレス・ファンにとっては知られざるジャンルで、情報を追うファンはほとんどいない無風地帯。私の夢は、中学卒業時は芸能プロダクションの社長、高校卒業時はプロレス専門誌の海外特派員だったが、徐々に女子プロレスを意識していくようになる。

1977年には空前の※**ビューティ・ペア**ブームが到来し、会場は女子中高生でいっぱいになり、雰囲気が一変した。宝塚では「ベルサイユのバラ」が人気を呼び、芸能界ではピンク・レディがスーパー・アイドルとして君臨。男役のジャッキー佐藤と娘役のマキ上田が組んだビューティ・ペアは宝塚の要素を兼ね備えており人気は爆発。NHKがニュース番組で社会現象として取り上げたほどで、全日本女子プロレスは日本武道館にも初進出。歌手としても各音楽祭の新人賞を総なめにし、浅草の国際劇場でコンサートを開催し、主演映画『ビューティ・ペア　真赤な青春』（1977年、内藤誠監督、東映）も作られた。たった1年足らずで女子プロレスへの世間の認識が変わり、興行は超満員。マスコミはビューティ・ペアをこぞって取り上げた。彼女たちはマッハ文朱をはるかに上回る、史上空前の大ヒット商品となっていく。

当時、私は全女の試合会場に毎回のように足を運んでいた。会場で知り合ったフリーライターに彼が制作しているという女子プロレス特集本のカメラマンを依頼されたからだ。だが、その特集本は結局、お蔵入りになってしまう。出版元は当時まだ立ち上げられたばかりの白夜書房だったが、アイドル雑誌の大手である愛宕書房が全女にそれを上回る条件での出版を持ち掛けたらしく、全女がそちらに乗り換えたのだ。私は自分が撮影した写真を載せる場所を失ったため、少なからず全日本女子プロレスに嫌悪感を抱いた。会場もファンの少女たちに占拠され、居場所がない。次第に私の足は全女の会場から遠のくようになった。

それからしばらくして、全女の主要会場を訪れたとき、松永社長から突然声をかけられた。

「今度、うちでカメラマンの仕事をしないか？」

私は東京写真専門学校（現・東京ビジュアルアーツ）に在学中だった。写真が好きだったわけではなく、ただプロレスラーの写真が撮りたかっただけだ。だから、こんなチャンスを逃す手はない。

二つ返事で専属カメラマンになることにした。

１９７７年９月、松永社長から和歌山〜大阪の地方巡業を撮影するように依頼された。私はすでに成人していたが、地方に出向くのは初めての経験。どうやったら和歌山に行けるのかわからず、とりあえず羽田空港からスカイメイトという割引システムを使い、大阪に飛んで和歌山に向かった。

会場に行くと池下ユミ率いる**ブラック軍団**※の集合写真を撮影させられた。大会後はてっきり選手と同じバスで移動するものと思っていたが、専属ダフ屋のクロさん（顔が黒かったための愛称）と一緒に行動するように命じられた。全女とクロさんとの間でどんな金銭のやり取りがあったのかはわからない。当時はそういう怪しげなポジションの人がいたのである。

翌日は難波の大阪府立体育会館でのＴＶマッチ。撮影が終わり東京に戻り、撮影したポジフィルムを事務所に持参すると５万円のギャラを頂いた。

実は撮影してギャラを得たことは初めてではなかった。例の女子プロレスの特集本のフリーライターからお蔵入りしたお詫びではないが、雑誌の撮影の仕事をもらったりしていたのだ。映画雑誌だったから、松田優作や宍戸錠、成田三樹夫などの映画スターのインタビュー現場やピンク映画の撮影現場にも行かされた。その頃は女子プロレスよりも雑誌の取材の仕事がおもしろくなっていたが、再び女子プロレスの撮影を始めたので、雑誌の取材にはひと区切りつけることにしたのだ。

野望を胸に女子プロレスの世界に

それから専属カメラマンとしてグアム遠征に同行したり、ビューティ・ペアがNHKの紅白歌合戦に応援出演するため、一緒にNHKホールにも行くなど、貴重な経験を積むことができた。

一年先輩にあたる吉田正行さんがビューティ・ペアの芸能担当をしていた関係で、よく仕事現場にも同行した。そんな矢先、吉田さんから「そんなにプロレスが好きだったら、うちの会社に入ればいい。入社試験はないから、毎日、事務所に顔を出していついちゃえば？」という誘いを受けた。

プロレスの仕事に就きたいとは漠然と考えていたが、団体に入るという選択肢はなかった。新日本プロレスや全日本プロレスに入っても、第一線で活躍するには時間がかかる。でも、もしかしたら女子プロレスならば一番になって、この業界を動かせるようになるかもしれない。

まだプロレスの中身や興行システムなどわかっていなかったにも関わらず、私はそんな大胆なことを妄想したりもした。

1978年1月から、私は東京の目黒にある全日本女子プロレスの事務所に通い詰めた。

勝手に事務所にやってきて、仕事を探す毎日。事務所の先輩スタッフはそんな得体の知れない若者をかわいがってくれた。昼食は毎日誰かが交代で誘ってくれるし、夜になれば松永社長の先導でキャバレー三昧。当時は1ヶ月以上の地方巡業もざらにあったので、巡業に帯同しない事務所スタッフは暇を持て余していたのだろう。仕事は雑用が主。営業部長に頼んで、入場券のナンバリングを打ったり、写真や新聞のスクラップの整理、資料作りなどをさせてもらった。

約1ヶ月が過ぎると正式に社員として採用された。初任給は8万円。カメラマンとして撮影していたつい この前まではまとめて5万円とか10万円をもらっていたのに……当時、入ったばかりの新人レスラーの初任給が10万円だった。でも私は給料のためではなく、女子プロレスの世界で一番になるために全女に入ったのだから、そんなことは大した問題ではなかった。

早速、恵比寿駅の近くにアパートを借りた。家賃2万8000円の六畳一間で風呂無し、共同トイレ。住所は渋谷区広尾。この響きが東京に住む醍醐味だった。当時、風呂付きのアパートに住んでいたのは松永兄弟とビューティ・ペアだけで、大半の選手やスタッフは風呂無しアパート暮らし。

そう全日本女子プロレスは松永4兄弟の同族会社だ。5男2女の今でいう大家族の松永一家、長男は電気屋を営み、次男の健司さんはポスター貼り専門、三男の高司さんが社長、四男の国松さんが現場の選手マネージャー、五男の俊国さんが現場責任者といった役割だ。2人の姉妹は元女子プロレスラーという環境。松永社長の実家は洋品店を経営していたが、幼い頃から日傘を街に持参しては売りさばいていたという根っからの商売人だ。兄弟たちの生活の面倒を見ながら、高校に進学させていた。良くも悪くも松永社長にぶら下がっていたのである。

とにかく松永兄弟の権力は絶対だったが、兄弟以外のスタッフで力を持っていたのが営業本部長の高橋三男さん、総務部長の黒川忠司さんらの創設メンバー。試合のコース（日程）は高橋さんが一手に仕切り、黒川さんは渉外担当で外国人を招聘していた。

私は黒川さんの下に付き、外国人の送迎を任された。その合間には資料作りの一環としてタイトルマッチの記録を繋ぎ合わせていった。当時の全女にはタイトルマッチの公式記録がなかったので、保存してあった新聞記事のスクラップをたどってオフィシャル記録を作り上げた。そんな中でも一番の仕事はビューティ・ペアや歌手としてデビューもしていた※**ゴールデン・ペア**（ナンシー久美&ビクトリア富士美）、※**クイーン・エンジェルス**（トミー青山&ルーシー加山）の芸能活動のサポートだった。TV局やラジオ局を始め取材の同行、そして広報担当としてマスコミ対応をしていた。

20歳で入社し、いきなり右も左もわからない中でTV局など芸能の現場に付いて行く。いつも目黒にある事務所の前には多くの女学生ファンがたむろし、それを整理するのも仕事の一環だった。いつの日かファンからは（ビューティ・ペアの）サブ・マネージャーと呼ばれるようにもなった。

複雑だった選手の人間関係

女子プロレス団体のスタッフになったが、社内でプロレスの話をする人は誰もいなかった。私以外のスタッフは興行関係か、縁故で団体運営に携わっている人ばかりで、そもそもプロレスファンはいない。加えて、試合に関する話は松永兄弟の聖域で、誰も触れようとはしない。マッチメイクに意見するのは、タブーだった。だから私は一人で勝手に広報担当を名乗り、できる限りプロレスのソフト面と接することを心掛けていった。

20歳そこそこの小僧にとって一番、衝撃を受けたのが選手の恋愛事情だった。

全日本女子プロレスは表向きには〝三禁〟を謳い、酒、煙草、恋愛を禁じてはいたが、実際はかなり複雑な人間関係が入り乱れ、それが仕事にも影響していた。事務所にいるとほぼ毎日のように新たな情報を知ることになるので、好奇心旺盛だった私はノートに人物相関図を書いてまとめていたほどだ。

選手の中には人間関係が上手くいかなくなって、団体を去っていく者もいた。具体名を書いてしまうと単なる暴露になってしまうので控えるが、この世界で生き延びるには人間関係に振り回されない強固な精神が必要だということを学ばせてもらった。昭和の女子プロレスはリング外のトラブルが多くを支配していた。1年中、旅から旅の興行生活は、少女たちの人格さえも変えてしまう。いや、変えなくては生きていけない現実があった。

ビューティ・ペアは70年代を象徴する大スターだった。男性ファンしかいなかった女子プロレスという市場に、女学生ファンを動員したことはエポックメイキングな出来事と言えよう。東京

ジャッキー佐藤（左）とマキ上田（右）のビューティ・ペアとグアム遠征で。

ドームや両国国技館、横浜アリーナもまだない時代、格闘技の殿堂である日本武道館にも進出した。1977年11月、最初がビューティ・ペアのシングル対決。1978年8月には創立10周年記念大会として、たった3試合のみがマッチメイクされた。1979年2月、ビューティ・ペアが敗者引退を賭けて最後の一騎打ち。私はいずれもエプロンサイドから撮影していた。

ビューティ・ペアはたった2年で解散。敗れたマキ上田がその場で引退、その後はタレントとして芸能界に転身した。

全女の帝王「松永兄弟」

松永会長はよく、「俺は芸能は嫌いだ」と口走っていた。それは芸能の仕事をすると、レコード会社やTV局の取り巻きがスター扱いし、「プロレスより芸能の方が稼げる」とか「団体にいいように使われている」とあらぬ助言をして選手を惑わせるからだ。

松永兄弟は選手に余計な知恵をつける第三者を基本的には信用しなかった。中学を卒業したばかりの少女たちを毎日、プロレス漬けにして自由な時間を与えない。そうして、松永兄弟の指示に従うようにマインド・コントロールしていく。その一方で、20歳を超えて自我が芽生えてきた選手は切り捨てた。そうすることで団体を守り続けてきたのだ。

「選手はまな板の鯉でなくてはならない」と松永会長はよく言っていた。まな板の上に乗っているのに、抵抗したら料理ができない。じっとして捌かれ調理されれば、いい料理ができるという意味だ。本音は、グズグズ言わずに黙って従えばいい。そうしないと、ちゃんと扱わないぞというメッセージでもあった。かと言って、松永兄弟は決して見かけは横暴な人たちではない。ただ見切りをつけるのが異常に早いのだ。辛酸を舐めてきた歴史が彼らをそうさせたのだろう。

私の全女生活は松永兄弟との闘いでもあった。

ビューティ・ペア時代から毎年、選手もスタッフも必ず昇給があった。初任給が8万円だったが、1年後の昇給では8万5000円になった。しかし、他の社員は一様に2〜3万円は昇給していたことを知り、愕然とした。

お金だけのために仕事をしているわけではないが、余りにも評価が低過ぎる。怒られてばかりの日々。私は期待されていないのだろうか……どうでもいい存在なのだろうか……松永兄弟は何を見ているのだろうか……翌年にはようやく10万円になったが……ここで私は悟った。やはり同族会社で一番になろうなんて考えは無理な話。だったら給料とか関係なしに、自分が考える理想のプロレスを突き詰めよう。好きなプロレスにまい進しようと。

それからは周りの事は気にしなくなった。プロレスというソフトをいかに面白くしていくかに全力を捧げることにした。

全女自体の仕組みはプロレスのソフトを作り上げることよりも、選手同士を対立させ、生の感情を試合に反映させることを主軸にしていた。〝ピストル〟と称した、押さえ込みルールの試合形式。レスリングとも違うこのルールは、体重の軽い者から最初に押さえ込みの態勢に入り、フォールを取れなければ、次に相手が同じ態勢に入る。フォールが決まるまで順番にそれを繰り返すのだ。そこには必死にはね返す姿があり、時には勝負の厳しさが垣間見えた。だがこれはプロレスではなく、全女流の押さえ込み合戦に他ならない。

プロレスの持つ本来の魅力は、闘いを通して観客の感情を手の平に乗せてしまうところにある。プロレスは観客の心を支配してしまう芸術でもあるのだ。

私は先輩が後輩に押さえ込まれ、プロレスを辞めていった例をいくつも見てきた。負けたら辞めるなんてあり得ないことだ。プロレスに強い憧れを持っていても理不尽な押さえ込みの前に挫折していった例は枚挙にいとまがない。だから私は押さえ込み否定派だった。ごく一部の試合は感動があったが、押さえ込みはそもそもプロレスではない。松永兄弟は柔道や拳闘出身だから、単純に競わせることが好きだった。誰が辞めても構わないという姿勢があったから、プロレスではなく、押さえ込みによる勝ち負けで選手の優劣を付けていたのだろう。

ビューティ時代の終焉

1977年から1979年にかけて全女に、莫大な〝金の雨〟を降らせたビューティ・ペアの終焉は呆気なく訪れた。

マキ上田と対比し、7：3で絶大な人気を誇っていたジャッキー佐藤もイッキにパワーダウン。解散直後に行われた浅草の国際劇場でのワンマンショーは、最前列と2列目が埋まる程度で空席が目立つ始末。ジャッキーは私と同じ年齢だから、ご存命なら還暦を過ぎている。彼女はプロレスに対してはすごく真面目で、ストイックだった。だから後年、入門が許された松本香（ダンプ松本）や本庄ゆかり（クレーン・ユウ）のように、体が大きいだけで腕立て伏せや腹筋などの基礎運動ができない選手は認めなかった。プロレスラーはアスリートでなければならないというのがジャッキーの考え方だった。

1981年2月には横浜文化体育館で、前代未聞の世代交代が行われていた。オール・パシフィック王者の池下ユミがミミ萩原に敗れたのである。それもミミが押さえ込みに入ると、レフェリーのジミー加山（松永国松）が強引にスリーカウントを入れたのだ。明らかなミス・ジャッジだったがベルトは移動する。池下はジャッキーと並ぶ実力者で、ブラック・ペアとしてビューティ・ペアとライバル関係を築き女子プロレスに初めてバック・ドロップ・ホールドを取り入れた先駆者だ。この裁定に池下はアッサリ従った。

ＷＷＷＡ世界王者のジャッキーは新鋭の**横田利美（ジャガー横田）**[※]にガッチリ押さえ込まれ敗退していった。明暗を分けた両者だが、敗れたジャッキーは薄笑いをし、勝者の横田はうつろな表情を浮かべていたのが印象的だった。レフェリーの松永俊国は「ちゃんとカウント・スリーが入っただろ!?」とリングサイドで撮影していた私に確認した。

全女の２つの至宝が押さえ込みルールで決着が付いた。ある意味、残酷で非情な闘いだった。敗れ去ったジャッキーも池下も間もなく引退していった。強引な世代交代は負けた選手を追い出す結果になったが、全女にとっては何よりの正義だったのだろう。

後年、松永社長はポスターのデザインを担当していた私が、ベルトを失ったジャッキーを小さく扱ったためそれが辞める原因だと言っていた。もっとも小さく扱えと指示されたから、そうしたまでのことだ。当時、私は興行のポスターや優待券のデザインも担当していた。以前、デザインを担当していたのがコミッショナーをしていた北里さんという方で、でき上がったポスターを見てはいつも私が文句ばかり言っていたので、入社１年後には「お前がポスターを作れ」と松永会長に命じられたのだ。

ポスターをデザインしていると、マッチメイクを考えているような気分になって、自由に発想できた。当時は街頭にポスター貼りをしたり、宣伝カーを回すことが最大効果の宣伝方法。今のようにＨＰやTwitter、Facebook等のＳＮＳで告知するなんてあり得ないこと。そもそもパソコンも

新日本プロレスの後楽園ホール大会に選手を連れて表敬訪問。アントニオ猪木の右にいるのが、若き日のジャガー横田。私を挟んで２人隣りにはデビル雅美の姿も。

携帯電話もない時代だから、アナログな宣伝方法しか存在しなかった。だから、ポスターを自由にデザインすることは格付けも任されたようなものだ。ポスターによって興行の中心を築く、私の仕事は徐々に中核的なものに近づいていきた。

女子プロを広める地道な広報戦略

プロレスが好きだということだけで業界入りしたが、全女の中だけではそのプロレスが構築できない。だから私は仕事を通じて知り合ったプロレス・マスコミ関係者との時間を優先するようになった。

特にベースボール・マガジン社のプロレス編集部には入り浸った。80年代初頭には**〈週刊ファイト〉**※から、のちのターザン山本さんがプロレス編集部に移ってきて、我々のような20代前半の若手を集めてプロレスを面白く語ってくれた。蔵前国技館などに観戦に行った際には必ず、山本さんを中心に若手メンバーで食事会。また、山本さんの勧めで雑誌に原稿を書くようにもなった。昔からプロレス専門誌で働くことを夢見ていただけに、これはうれしいことだった。名前こそ出していないが、同社から出た「プロレス・アルバム」というシリーズでは2冊も編集を手掛けた。『リングに咲いた恋人たち』（1982年）、『おもいっきり女子プロレス』（1984年）なるタイトルだった。

そもそも専門誌に女子プロレスが載らない時代が長く続いていた。**〈デラックスプロレス〉**※（通称デラプロ）はそれでも掲載していたが、いつしか載せなくなってきた。私は編集部に取材してくれるように頼んだが、答えは「取材する人手が足りない。どうしても載せて欲しかったら、自分で写真と原稿を持ってきてくれれば採用するから……」という返事だった。だから私は毎月、企画を考え、取材もして編集部に原稿を持ち込んだ。１９８１年から１９８３年にかけては毎月、ページが１ページでも増えるようにと考えたものだ。

プロレス・ファンだったから、専門誌に載らないとプロレスとは認められない。こんな発想で自力でページを獲得していったのだ。会社はフジテレビとの付き合いだけあればいいと、専門誌に関してはさして興味がなかった。それでも少しずつだが、取り上げられるようにもなってきた。

だが、ある事件により、苦心を重ねて手にしたページが奪われることになる。

後楽園ホールなど全女の主要会場にはフジテレビの中継が入っており、ハンディカメラを持つテレビ局のカメラマンと、スポーツ紙や雑誌のカメラマンとの小競り合いがリングサイドで頻繁に起きていた。ようするに撮影位置を巡って、互いに譲り合わず対立するのだ。フジテレビのカメラマンは血の気が多く、強引に相手を突き飛ばし、割り込み撮影をすることもしばしば。あるときはカメラマン同士が殴り合いをすることもあった。

プロレス編集部でアルバイトをしていた、後に初代パンクラス社長になった尾崎允実《まさみ》氏がリングサイドで撮影していた時にフジテレビのカメラマンとトラブルを起こした。そうした事態を受け、〈デラプロ〉の当時編集長だった原田さんは、今後一切取材をしないと通達してきたのだ。せっかく、コツコツとページが増えて全女の存在がプロレス・ファンに浸透しつつあった矢先だ。私は悔しくて仕方がなかった。

ポスト・ビューティの三本柱

ジャガー横田、**ミミ萩原**※、**デビル雅美**※が三本柱となりビューティ・ペア解散後の女子プロレスを支えてきた。

三者共に個性が違っていたが、実力のジャガー&デビルに、人気のミミという図式。ミミは元アイドル歌手でTVの歌番組やドラマ「プレイガール」に出演していた名のあるタレントだった。おそらく女子プロレスに転身した一番有名なタレントという立ち位置になるだろう。だからといってタレント時代のファンが会場に押し寄せたのとは違う。あくまで一からプロレスラーとしてキャリアを重ね、ベルトを取るようになってから歌手活動も再開したのである。そして誰よりも年齢が高かった。80年代は20代の前半でレスラーのピークを迎える選手が大半で、25歳を過ぎた遅咲きはミミだけだった。

ジャンボ鶴田（左）とミミ萩原（中央）という珍しい組み合わせ。女子レスラーとは思えない、妖艶な雰囲気のミミ。男性ファンに絶大な人気を誇った。

私は恵比寿の風呂なしアパートに5年間住んで、銭湯に通う日々を過ごしていた。興行で遅くなると営業時間に間に合うために走って銭湯に行ったものだ。銭湯で湯船に浸かるたびに「いつかこの生活から抜け出してみせる。歳取ってまで銭湯生活などしたくはない」と野心に燃えていたのだ。

全女での給料が15万円になると、ようやく風呂なしアパートから風呂付きのマンションに引っ越しをした。五反田にある4階建てのマンションの4階、6畳と4畳半にユニットバスが付いて6万4000円也。25歳でようやく人並みの生活を始めたのだ。

それからまた5年後の30歳の時には真横にあるマンションの6階に引っ越した。ここには6年間住んでいたが間取りは6畳、4畳半にダイニングが7畳で11万円。住む部屋を大きくしていくことが、当時の私にとって最大のステータスだったのだ。

20代はひたすらもがいていた。入社して2年目には、営業部の中心メンバーが一斉に辞職したため、営業部への配属命令が下ったことがあった。興行現場に行き、椅子並べや会場設営の準備、宣伝カーを回したり、時にはポスター貼りや優待券配りもやらされた。私はプロレスのソフトに関係した仕事をやりたかったが、若手社員には選択の余地はない。現場に出て3〜4ヶ月が経ったあたりか、今度は広報の仕事が止まってしまったため、私はタイミングよく元の仕事に復帰した。とにかく現場の仕事は単純作業の毎日だったから、私には合わなかった。

その後、私の仕事の内容は団体の広報窓口だったが、取り立てて大きな変化はなかった。

私はとりわけ松永会長に師事していたから、一緒にサウナに行ったりして、プロレスの話を聞いてもらったりもしていた。松永会長は温厚で滅多に怒る人ではなかったが、「怒らせたら兄弟の中で一番怖い人だ」と先輩から聞かされてもいた。

ある大阪出張の際には、松永会長の「一緒に飛行機で行くぞ！」という言葉に甘えて同乗したが、現場に行ったら松永俊国さんに「お前はいつから社長と飛行機が乗れる身分になったんだ!?」とこっぴどく怒られた。私からすれば、誘われたから同乗しただけのことで、怒られる理由が分からない。会社という組織には序列があり、私が飛び越えたのだから仕方ないことだろうと納得した。

ダイヤの原石・長与千種の出現

プロレスの生活も慣れてきたが、やはり選手や団体に影響力のない立場では何も好転しない。そんな時に私に懐いていたのが**長与千種**※だった。

中卒で長崎の市会議員の紹介で裏口入門。道場で行われた入門テストに立ち会ったのは、松永会長と私だけ。初めて見た印象は、肩は張っているが普通の中学生の子というものだった。

「お前、ちょっと写真を撮っとけよ」と会長が指示を出した。名もないテスト生の写真撮影を命じられたのは初めての経験。松永会長は長与にスターの片りんを見ていたのかもしれない。

オカッパ頭の少女はプロレスが大好きで、雑誌に載った技の写真の切り抜きをノートに貼っていた。少女もまた必死にもがいていた。同期がすごい選手揃い。のちの**ライオネス飛鳥**※をはじめ、**大森ゆかり**※、**タランチェラ**※、落ちこぼれだった**ダンプ松本**※、**クレーン・ユウ**※も大成していった。千種は体が細く、湿疹が出ていたため「体が汚いから試合には出せない」とまで言われていた。それでも千種は男子のプロレスを研究して、女子の世界に取り入れようとしていたのだ。千種はいち早く「藤波vs長州」の名勝負数え歌を導入、顔面を張り合う感情むき出しのプロレスで女子プロレスに風穴を開けた。そこには当然、私のアドバイスもあった。エリート肌の飛鳥も機械的なファイトで今一つマンネリに陥っていたから、千種の考えに共鳴した。

1983年6月には極真空手の第一回全日本王者だった〝極真の龍〟こと山崎照朝《てるとも》さんが臨時コーチとして、全女の伊豆合宿に参加した。朝から夕方にかけて選手全員で海岸を走るなどして、基礎体力を養うトレーニング。夜になると千種と飛鳥だけが部屋に呼ばれ、空手の特訓をした。

山崎さんには空手家の心構えや信念を教えてもらった。空手で商売をしないことが山崎さんの信念だった。多くの著名な空手家は道場を構えて生徒を集め、組織を大きくしていた。山崎さんはいつもボランティアのようにお金を徴収せず指導することをモットーにしていた聖なる空手家だ。だから千種や飛鳥に対して、惜しげもなく自ら培った技術や精神性を伝授。山崎さんはスポーツ紙でプロレスの記事も執筆していたから、プロレスに向いた空手技を教えてくれていたのだ。

長与千種（左）とライオネス飛鳥（右）のクラッシュギャルズと。みんな若い！

この合宿の中で、千種と飛鳥は正式にタッグチームとして活動することを誓い合う。古くから女子プロレスの歴史はタッグチームで紡がれてきた。ビューティ・ペア、ブラック・ペア、ゴールデン・ペア、クイーン・エンジェルスが70年代を代表するタッグチーム。その後はデビル軍団などがいたが、これといったチームは出現していない。千種は自らをクラッシュ・ガールと名乗っていたため、私は飛鳥とのタッグを「クラッシュ・ギャルズ」と命名した。女革命戦士を名乗らせ、イメージは長州力の維新軍団と前田日明のUWFを合わせた斬新なタッグチームだ。

極悪マネージャーとしてリングデビュー

クラッシュ誕生が1983年夏で、ブレイクしたのが1年後だった。

この間の1年はクラッシュの下地を作る時期。同期でカラダが大きいだけで、くすぶっていた松本香がダンプ松本と名付けられ、本庄ゆかりも覆面レスラーのマスクド・ユウに変身し、極悪同盟としてクラッシュのライバルに急浮上した。

たしか大島の合宿の時だったと記憶するが、帰りのフェリーの中で仰天プランが浮上した。松永会長が「お前はクラッシュを売り出したいんだろ？　だったら試合では覆面を被り極悪のマネージャーとなって、クラッシュの敵役をやって盛り上げたらどうだろう……」と、こんな無茶なアイデアを提案してきたのだ。

渋る私に対し「一回につき5000円の手当てを支払ってやる」と言う会長。当時、私は事務所勤務だったが仕事で会場に行くと2000円の日当をもらっていた。

余談だが現場スタッフは金額の個人差はあるが毎回、この手当てが給料に加算されていた。月の大半が興行のため、それだけ収入が大きくなる仕組みだった。もっとも現場スタッフは昼までに会場入りし、リング設営やグッズ売店設置など興行の準備をして、最後は撤収作業が終わるまで時間を拘束される。自由な時間などありはしない。

私はこの5000円という日当に釣られ、極悪同盟のマネージャー役を引き受けることにした。月に4回もやれば、2万円の増収になる。ヒラ社員にとってこの日当は魅力だった。

昼はクラッシュを連れて取材活動をし、夜は興行で敵役に回る。事の是非よりも、クラッシュ売り出しにひと役買うことが最重要だったし、自分の実入りを考えればやるしかなかった。私はタイガーマスクを手掛けていた唯一のマスクメーカーだったOJISAN企画を訪ね、自分のマスクをオーダーした。

黒生地に金の縁取り。マスク好きとしては、想定外の形でマスクと関わることになったのだ。マネージャーだからスーツを着用しよう、それも白のジャケットに黒のカラーシャツを着て。体格は大きい方だったし、多少やられても大丈夫だと自負していた。リングに上がる前にこのアイデアを聞いたカメラマンのマイク岡田氏は、撮影中のジャンボ堀写真集のスタジオ特写の際、私の撮影も敢行。虹色の照明をバックに悪のマネージャー、ザ・ベートーベンが誕生したのだ。

このマネージャー役はTVマッチ限定の予定だったが、わりと好評で通常大会でも自発的に買って出た。極悪同盟に帯同して謎の覆面マネージャーが登場する。あのマシン軍団のマネージャー、**将軍KYワカマツ**※よりも早かった。おそらく日本初の本格的なマネージャーではなかったかと思う。

とはいえ、いくらプロレスが好きだと言えど、リングに関わるのは別次元の話。毎回、控室で着替えると、そわそわする自分がいた。近眼だからコンタクトレンズを用意。ダンプとユウから、何をやるべきかを教えてもらったが、試合開始まで待つ時間が長かったことを覚えている。私はこの時、25歳。若かったし、怖いもの知らずでもあった。覆面マネージャーはクラッシュや正規軍との試合中に介入したり、妨害するなどしてファンの憎悪を浴びるのが役割だ。私は千種を抱え上げボディスラムの態勢で本部席の机に叩きつけたりもした。プロレスの試合でヒール・レスラーがやるようなことをまさか自分がやるなんて……だが、チョッカイを出すにつれ反撃もされた。千種も飛鳥もこれみよがしに蹴ってきたのには悲鳴を上げた。観客は私が蹴られたり、やられたりするさまを楽しんだ。クラッシュ売り出しにひと役買いながら、どこかでリングに憧れている自分がいた。

しかし、この経験は長くは続かなかった。1984年6月、川崎市体育館。この大会の中継からフジテレビが再び、ゴールデンタイム（毎週金曜日の午後7時）で放送を始めたのだ。

日当5000円につられて、極悪同盟に入る。ダンプ松本（左）とクレーン・ユウ（右）に挟まれた中央のマスクマンが幻のザ・ベートーベンだ。

ビューティ・ペア時代に毎週月曜日の午後7時から30分間放送されていたが、解散によりゴールデンタイムからも撤退。月に一度の割合で日曜日の夕方から1時間30分枠で中継していた。それでも地上波の影響力は強く、女子プロレスの認知度を上げることに一役買っていた。

ゴールデンタイム復帰となった川崎市体育館では、メインにクラッシュvsジャガー横田&デビル雅美の世代闘争が組まれ、WWWA世界タッグ王者のジャンボ堀&大森ゆかりに、ダンプ&ユウの極悪同盟が挑戦するタイトルマッチがラインナップされていた。

この頃から、私は徐々にマッチメイクに口を出せるようになった。

対立していたジャガーとデビルにタッグを組ませるのは私のアイデアだ。新日本プロレスの猪木率いる旧世代軍（ナウリーダー）と長州力・藤波辰爾率いる新世代軍（ニューリーダー）の闘争もヒントになっていた。プロレス・ファンの心をくすぐるのは私ならではのやり方。この日、私は例により極悪同盟のマネージャーとしてリングに上がったが、試合開始早々にレフェリーの松永俊国に背負い投げを喰らい、右肩をキャンバスに強打した。すさまじい激痛が走り、投げられた瞬間に鎖骨を負傷。そのままリング外に降りて動けなくなってしまったのだ。覆面の下は苦痛の表情だったが、幸い観客には気付かれずに済んだ。

「ダメだ……もう何もできない……」

そうダンプたちに耳打ちするのがやっと。私は場外乱闘に紛れて退場処分となり、バックステージに運ばれた。

松永兄弟から西野道場という柔道整復に行くように言われた。右肩の鎖骨は応急処置をしてもらったが、以降は極悪同盟のマネージャー役から遠ざかることになる。

ちょうどクラッシュの歌手デビューも決まった頃だったので、私はマスクを脱ぎ、クラッシュの担当マネージャーとしての本来の姿に戻ることになったのだ。

クラッシュブームの渦中に

クラッシュ人気は結成1年で爆発的になってきた。

フジテレビのゴールデンタイム復活はクラッシュの活躍にかかっていたと言っても過言ではない。

クラッシュはビューティ・ペアばりに歌手デビューし、芸能活動に時間を費やすことになった。

レコード会社はビクター音楽産業（現JVCケンウッド・ビクター・エンタテインメント）でプロデューサーは昭和30年代のアイドル歌手だった飯田久彦、振付は土居甫という、かのピンク・レディーを売り出した面子でプロジェクトが組まれた。レコーディングは荻野目洋子も担当していた今井茂樹ディレクターの仕切りだ。

まだCDは存在しない時代、歌手にとってレコードは絶対的なアイテムだった。試合スケジュールの合間を縫ってレコーディング。レコードを発売してヒットチャートに乗せ、歌番組に出演するのが、アイドルへの登竜門だった。全女と懇意にしていた元徳間ジャパンのプロデューサー中邑健二氏が第一プロダクションという会社に移籍していたため、クラッシュは芸能活動の委託契約を第一プロと結んでいた。だから歌番組やラジオ番組、TVドラマに多く出演することができた次第だ。

私は担当マネージャーとして、クラッシュの芸能活動に同行し、過密スケジュールを仕切り、飛び回っていた。TBS系列のドラマ『**毎度おさわがせします**』※は横浜市にある緑山スタジオで収録したが、午前6時に現場入りし7時からリハーサル、本番と行い、午後イチまで撮影。その後は車を走らせ栃木や群馬、茨城の試合会場まで連れていく。大会後も東京で取材やTV収録があり、これが毎日続くものだから、頭も体もクタクタの状態。当時は若かったから何とか乗り越えられた。当時は携帯電話もパソコンもない時代だから、連絡方法は事務所にかかってくる電話のみ。私がクラッシュの現場で外出し、たまに事務所に戻ってくると仕事の連絡が殺到する。これを調整しながら、また次の現場に同行するのだ。

全女は年間で270大会を開催していたから、シーズンオフもまとまった休みなんて皆無。クラッシュの人気を確立するためには、馬車馬のように働くしかない。芸能誌は〈明星〉、〈平凡〉、〈セブンティーン〉などアイドル誌が全盛の時代、月刊誌だけでも5、6誌はあっただろう。その中でも影響力の強い前述の3誌には特写時間を設けたが、他の雑誌に関しては主にTV出演の空き時間

80 年代をともに駆け抜けた盟友・長与千種。筆者が手に持っているのは、IWA 世界女子王座のベルト。長与の腰には、オールパシフィックのベルトが巻かれている。

に順番に取材を受けさせた。だいたい午前中から午後4時頃までは芸能活動をして、それから近県の試合会場まで送る日々。プロレス専門誌も〈週刊プロレス〉、〈週刊ゴング〉、〈週刊ファイト〉、〈ビッグレスラー〉(立風書房)、〈エキサイティング・プロレス〉(日本スポーツ企画出版)、東京スポーツが出版していた〈ザ・プロレス〉にデイリースポーツと凄まじい数の取材をこなさなければならない。私もクラッシュもプロレス・マスコミとの付き合いを大事にしたが、なにせ時間が取れない。会場で囲み取材や立ち話で中身を作っていたほどだ。唯一の女子プロレス専門誌にリニューアルした〈デラプロ〉だけは、それでも多くの時間を与えていた。現在、比較的に取材が多いスターダムでも、こんな過密スケジュールは有り得ない。

この時代は活字媒体に載ることはTV出演と同等の価値があった。当初、一般誌はクラッシュのプロフィールさえ知らないで取材していた。「人気があるらしい」というだけで取材が集中し、毎回同じ質問をされたものだ。

中には「どちらが飛鳥さんで、どちらが長与さんですか?」などと聞いてくる媒体もあり、苦笑しながら取材をさばいていた。過密スケジュールの中でも可能な限り取材時間を作ることが私の使命だ。私の持論はスターは忙しくて当たり前。スターになりたければ、広報活動は絶対必要なのである。私とクラッシュは1日の大半を共に過ごした。昼食を食べる時間さえ取れなかったから毎度、食事は移動の車の中でホカホカ弁当で簡単に済ませた。コンビニがまだ街にはなかったから、これが最良の手段だったと言える。

この広報活動に関して松永兄弟はほとんど介入してこなかった。年齢的にもクラッシュとは親子ほど違うのだから、もう同世代の私が中心になるしかない。キャリア7年、事務所のスタッフの中でもすっかり古株になってきた。私が入社した頃にいた先輩の大半は会社を辞めていた。なんでもありだった昭和の時代、スタッフの多くは選手とのトラブルや仕事のミスでよく松永兄弟に殴られていた。おそらく松永兄弟に殴られなかったのは私くらいなものだろう。別に要領が良かったわけではなく、ただプロレスの仕事にまい進していたから、余計なトラブルとは無縁でいたのである。

クラッシュと私は同志であり、同じ気持ちでプロレス、芸能活動にまい進した。だが、すべてが思い通りではなく、ほころびも生じていた。飛鳥がある女性ロック歌手に心酔した結果、芸能活動を拒否するようになったのだ。

飛鳥の行動は目に見えておかしくなってきた。ある時はドラマの撮影に遅れてきたため、出演シーンが飛ばされ、私がマネージャーとして出番がキャンセルされた女優に謝りに行かされた。千種と一緒に松永会長の自宅まで出向き、ヤル気のない飛鳥を辞めさせるように直訴したこともある。そんな時、松永会長は「飛鳥は悪いヤツだな！」と話を聞いてくれたが、朝方まで私たちの不満を発散させると、そのまま話はなし崩しにされた。このように決して物事にシロクロをつけず、あくまでグレーにしておくのは松永会長の常套手段。飛鳥だけでなく、千種と揉めるのも日常茶飯事で、お互いに引かないから周りが気を遣ったりしていた。とにかく私たちは尖っていたのだ。

マッチメイカーとしての役割

このように異様なまでの忙しさだったが、プロレスのソフト面の充実に関しては、私はさらに熱心になっていた。TVマッチやビッグマッチのマッチメイクに意見をしたり、私が考案したシングルのリーグ戦「ジャパン・グランプリ」、タッグリーグ戦「タッグリーグ・ザ・ベスト」では得点状況を想定し、公式リーグ戦の日程を決めたりもした。クラッシュvs極悪同盟が話の軸だが、ベテランや次世代の活かし方も考えなければならない。

当時、プロレス界は変革の時を迎えていた。新日本プロレスや全日本プロレスは日本人対決で盛り上がりを見せており、UWFの完全決着のスタイルも台頭。女子でも引退していたジャッキー佐藤やナンシー久美がカムバックし、全日本選手権を3連覇した柔道家の**神取忍**[※]やシュート・ボクシング出身の**風間ルミ**[※]らが中心となりジャパン女子プロレスを設立。男性ファンを意識した体制で、当時おニャン子クラブのプロデューサーだった**秋元康**[※]がリングネームの名付け親となり、松崎しげるや松本伊代などを輩出した芸能事務所・ボンド企画（92年に倒産）とタイアップして旗揚げ戦の応援に人気アイドルグループの少女隊が駆けつけた。

ジャパン女子の選手は、新日本プロレスの道場で**山本小鉄**※さんが育成にあたっていた。全女と真逆の路線でスタートしたジャパン女子だったが、**尾崎魔弓**※、**キューティー鈴木**※など全女の練習生出身者や新人オーディションに落ちた選手の多くがデビューを果たすことになった。話題性はあったがやはり選手層は全女の比ではなく、興行面で追いつくことは不可能。ただプロレス面では話題を多く作っていたから、私も千種も少なからず意識していたものだ。

しかし、松永兄弟はまったく無関心で、相変わらず興行収益を上げることしか興味がないようだった。一度、ジャパン女子の何代目かの社長である持丸氏が全女の事務所に姿を現し、対抗戦の話を持ち掛けてきたことがあった。80年代に黄金時代を築いていた全女からすれば、ジャパン女子は相手にする以前の問題。メリットを感じることがなく断っている。

全女に訪れたバブルの波

クラッシュ人気は1984年から1987年がピークだった。1985年には6年ぶりに日本武道館大会を開催し、大阪城ホールでは千種vsダンプの敗者髪切りマッチを敢行。翌1986年にはニューヨークにある格闘技の殿堂のMSG（マディソン・スクエア・ガーデン）にまで進出し、女子プロレス団体では初めてとなる両国国技館に到達していた。

私もアメリカ遠征に同行。プロレス・ファンにとって憧れの殿堂ＭＳＧのリングサイドで、撮影できたのは夢の世界の出来事。このアメリカ遠征は大いに刺激を与えてくれた。

バックステージでは、今では当たり前のようになっている仮設スタジオによる撮影が行われていた。これは日本に帰国すると即取り入れた。バックステージにいるＷＷＦのスター選手たちはみな気さくで明るかった。日本の場合、バックステージは閉鎖的で、選手の上下関係が厳しく開放感がない。こんなところにも日米のプロレス観の違いが出ていると感じた。

クラッシュ人気は緩やかに陰りが見えてきた。時を同じくして、日本経済にバブルが到来。日本全土が投機熱に包まれる中、全女も会社を挙げて株式投資に精を出すようになった。年間２７０大会を開催していたのを１４０大会まで極端に減らし、月曜から金曜まで株式投資に没頭。「これはプロレスより儲かる！」というのが松永兄弟の共通認識だった。

私も松永会長の勧めで株式投資を始めた。たしかに短期間で利益が出るから、仕事よりも熱心になってしまう。松永兄弟は投資にのめり込み、投資金額がついには億を突破。しまいには銀行から借り入れしてまで投資するようになる。まさにハイリスク、ハイリターンを地で行く状況だ。

80年代の終盤、全女ではプロレス興行よりも株式投資や不動産業が中心だった。だが、私はそんな中でもプロレスを盛り上げようと働いた。松永兄弟は経営サイドの人間だから、プロレスのソフトを充実させることよりも、あくまでも利益追求が最大の関心ごと。その手段は株式投資でも不動産投資でもよかったに違いない。

「去る者は追わず」が松永兄弟のモットーだ。だからたとえスター選手でも引退を示唆したら、その時点で構想から外れていく。1988年にはダンプ松本と大森ゆかりが、1989年に入ると長与千種、山崎五紀、ライオネス飛鳥といったトップ選手が相次ぎリングを去ることになった。

私はビューティ・ペアとクラッシュ・ギャルズという2つのブームを現体験した現存する唯一のフロントである。どちらのブームも凄まじかったが……ビューティは結成から3年後に解散、ブームとなってからはたった2年で駆け抜けていった。一方のクラッシュは結成から6年間で終焉を迎えたが、人気が一般的になってから5年間も第一線を張っていたことになる。そういう意味ではクラッシュの方が持続力はあったが、本当の意味でブームのピークは2年間だけだった。

ビューティは今で言う国民的アイドルにふさわしく、「♪ビューティ！　ビューティ！　ビューティ・ペア～♪」という曲のイントロは当時誰もが知っていた。プロレスラーよりもアイドル・タレントにより近かった。爆発力は明らかにビューティの方が上回ったが、クラッシュはプロレスラーとしてのスタイルを確立したから、長期間に渡り活躍することができた。プロレスのセンスはビューティよりもクラッシュの方が遥かに長けていたのだ。いずれも競合する団体もなく、娯楽としての女子プロレスを全女がほぼ独占していたから、社会現象やブームが訪れたと解釈したい。良き昭和アナログ時代の副産物なのである。

1章に登場するプロレス関連の用語集

《P18》
■日本プロレス
日本プロレス界の創設者である力道山が1953年に設立したプロレス団体。60年代末には2局でTV放映されるなど隆盛を築く。アントニオ猪木が新日本プロレス、ジャイアント馬場が全日本プロレスを独立して立ち上げたことで崩壊した。

《P19》
■TBSプロレス（国際プロレス）
国際プロレス自体は1967年1月から81年8月まで存在したプロレス団体。テレビ中継をTBSで行うことにより、一時期TBSプロレスを名乗っていた。

《P20》
■ボボ・ブラジル
〝黒い魔神〟と呼ばれた50～70年代に活躍したプロレスラー。ミシガン州出身のアフリカ系アメリカ人。ココバットと呼ばれた頭突きを必殺技に一世を風靡した。

■タイガー・ジェット・シン
インドの狂虎、もしくはインドの猛虎の異名で知られるインド出身のプロレスラー。アントニオ猪木やジャイアント馬場と激闘を繰り広げた。

《P24》
■ダニー・ホッジ
60年代から70年代にかけて活躍したジュニアヘビー級の第一人者。リンゴを握りつぶす怪力で有名。日本での異名は〝鳥人〟。

■リック・フレアー
派手なガウンを着て入場し、金髪を振り乱して闘うところから狂乱の貴公子と呼ばれた名レスラー。2人の息子と一人娘もプロレスラーである。

《P25》
■日本女子プロレス協会
小畑千代をエースに1967年4月、浜松の実業家・中村守恵氏が代表として設立。翌年より東京12チャンネル（現テレビ東京）にて中継を開始。しかし、70年の放送終了後より選手の脱退が相次ぎ、72年に崩壊した。

■全日本女子プロレス
日本女子プロレス協会にいた松永高司が1968年6月に旗揚げ戦を開催。05年4月に解散をするまでにマッハ文朱、ビューティ・ペア（ジャッキー佐藤&マキ上田）、クラッシュ・ギャルズ（ライオネス飛鳥&長与千種）、北斗晶といった選手を輩出してきた。

■小畑千代
1955年、東洋女子プロレス（東京女子プロレス）でデビュー。68年に日本女子プロレス協会に入門し、エースとして活躍。76年まで活動し、浅草でスナックを経営。本人いわく引退していないようで、00年代前半に魔界魔女軍団総裁として全日本女子プロレスなどに登場。

■赤城マリ子

1970年3月にデビュー。数々の技を使いこなす随一のテクニシャンとして活躍。晩年は覆面レスラーとして活動し、79年引退。その後は『全日本女子プロレス中継』の解説者や品川区で飲食店を経営していた。

■ジャンボ宮本

1966年、全日本女子プロ・レスリング協会でデビュー。68年に全日本女子プロレス旗揚げ戦に参加。その2年後よりジャンボ宮本のリングネームを名乗るが、実際には152センチ・80キロという大きさだった。団体創設者の松永高司の従妹でもある。

■星野美代子

1969年4月デビュー。キャリア2年半でジャンボ宮本と組み、WWWA世界タッグ王座を奪取。その後、同シングル王座も獲得。73年12月に結婚のため引退。娘はFMWで活躍した中山香里。当時は初の日本人母娘レスラーでもあった。

■マッハ文朱

1974年にプロレスデビュー。もともとは歌手志望で、13歳の時にオーディション番組『スター誕生』に出演していた。抜群の身体能力を活かして各王座を獲得するもわずか2年8ヶ月で引退。現役中に『花を咲かそう』でレコードデビューし、リングで歌うという、その後のビューティ・ペアやクラッシュ・ギャルズなどのベーシックを作った。現在はアメリカ在住でタレントとしても活動。

《P26》

■ビューティ・ペア

1975年デビューのジャッキー佐藤とマキ上田によるコンビ。結成は76年2月。WWWA世界タッグ王座を獲得。同年11月にシングル『かけめぐる青春』をリリースして大ヒット。女子中高生を中心に国民的スターになった。結成3年後の79年2月27日に敗者引退ルールで両者が激突し、ジャッキーが勝利してマキが引退。ジャッキーは81年5月に引退するが、86年6月に新団体ジャパン女子プロレスで復帰するも約1年半で再び引退。99年8月に胃がんのため死去。マキは引退後に子供向け特撮番組などで活動、地元の鳥取に戻りスナックを経営。現在は浅草の釜めし店で女将となっている。

《P28》

■ブラック軍団

1975年9月に全日本女子プロレスでデビューした池下ユミが設立。阿蘇しのぶとのタッグチーム、ブラック・ペアを経て結成したヒール軍団が『ブラック軍団』である。メンバーは漆原幸恵（ルーシー加山）、マミ熊野、デビル雅美など。

《P31》

■ゴールデン・ペア

ナンシー久美とビクトリア富士美によるペア。共に1976年デビュー。ナンシーは77年に『夢見るナンシー』で歌手デビューしたアイドルレスラーだった。83年に引退後、86年8月にジャパン女子プロレスで現役復帰。約1年で再び引退し、現在は空手の指導員になっている。ビクトリア富士美は池下ユミ率いるブラック軍団にも在籍していた名パイプレーヤー。姉は覆面レスラーのシルバーサタン。

■クイーン・エンジェルス

トミー青山とルーシー加山によるペア。共に1977年デビュー。78年にメキシコ遠征。そこで習得したメキシコ式の技を繰り出してマニアを唸らせた。トミーは80年8月に引退。11年7月に食道癌のため52歳で死去。ルーシーは体調を崩して81年にひっそりと引退。スナック経営、介護の仕事などに就いたとのこと。

《P38》

■横田利美

現・ジャガー横田。1977年にデビュー。86年に現役引退後はコーチとしてアジャ・コングなどのスター選手を育てる。その後、90年代にフリーとして復帰。95年設立の吉本女子プロレスJd'では選手兼コーチとして活動。現在はワールド女子プロレス・ディアナに所属。最古参女子プロレスラーとなった。

《P40》

■週刊ファイト

新大阪新聞社より発行されていたプロレス専門タブロイド紙。1967年創刊。初代編集長のI編集長こと井上義啓氏の独特の文体は後に活字プロレスと呼ばれるものの礎になったとされる。06年休刊。

《P41》

■デラックスプロレス

1978年に〈月刊プロレス〉の姉妹誌的に発行。80年代中盤よりクラッシュギャルズ人気に便乗して、ほぼ女子プロレス専門誌的な内容に。一時休刊をはさんで95年から04年まで〈週刊プロレス〉の別冊として刊行された。

《P42》

■ミミ萩原

1978年にアイドル歌手から転身。プロレスデビュー後は連敗記録を樹立。華奢な身体で懸命に闘う姿に人気が出た。84年4月に引退。その後はタレントに戻るが90年代に宗教の世界へ。現在は広島で歌手・ダンサーとして活動。

■デビル雅美

1978年デビュー。高橋雅美、天神マサミ、デビル雅美とリングネームを変えて80年代前半を代表する悪役レスラーに。抜群の歌唱力を買われてレコードデビューを果たし、ドラマの主題歌に起用されたことも。87年に25歳定年制により全女を退団。その後はジャパン女子プロレス→JWP→フリーとして活動し、08年に引退。スーパーヒール・デビル雅美という怪奇派レスラーの顔も持つ。

《P45》

■長与千種

1980年8月デビュー。新人時代は長く低迷期が続いたが84年夏にライオネス飛鳥とクラッシュ・ギャルズを結成。女子中高生を中心に女子プロレスブームを巻き起こす。89年に引退。タレントとして活動後の93年11月に現役復帰。95年にプロレス団体「GAEA　JAPAN」を設立。00年にライオネス飛鳥と〝クラッシュ2000〟を結成し話題になる。設立10周年を機に同団体を解散。しばしの沈黙後、16年に新団体「Marvelous（マーベラス）」を旗揚げ。現在でも女子プロレス界に話題を提供している。

《P46》

■ライオネス飛鳥

1980年5月デビュー。女子で初めて骨法をプロレスに取り入れるなど、ストロングスタイルの旗手だった。89年に引退後は、タレント、カーレーサーとして活動。94年11月の全女東京ドーム大会で現役復帰し、その後は吉本女子プロレスJd'、アルシオン、GAEA　JAPANなどで活躍する。05年、首の故障などにより引退した。

■大森ゆかり

1980年デビュー。袈裟切りチョップを武器にWWWA王者に輝く。88年2月に引退後はダンプ松本とのユニット「桃色豚隊（ピンクトントン）」でCDデビュー。また釣り番組でレギュラーを持つなどタレントとして活動した。

■タランチェラ

1980年、本名の伊藤浩江でデビュー。デビル雅美のデビル軍団に参加。ワイルド香月として活動後、マスクを被りタランチェラとなり、デビル雅美の相棒として活躍した。84年4月、ミミ萩原の引退試合の相手を務めて同時に引退。

■ダンプ松本

1980年8月デビュー。84年に本名の松本香からダンプ松本に改名。リングネームの由来は松本の試合を観たファンの「あいつダンプ（カー）みてえだ!!」との言葉から。同期のクレーン・ユウとヒール軍団「極悪同盟」を結成。TVやCMなどでも活躍し、ヒールながらクラッシュ以上のビッグネームになった。

■クレーン・ユウ

1980年デビュー。84年にデビル軍団を脱退し、ダンプ松本と極悪同盟を結成。リングネームはクレーン車から。85年に一度はレフェリーとなったが、87年にマスクを被りダイナマイト・ジャックとして復帰。89年まで活動した。

《P50》

■将軍KYワカマツ

1972年に一般社員として国際プロレ

スに入社。翌年31歳にしてプロレスラーデビュー。団体崩壊後にカナダに渡り、84年8月に新日本プロレスに登場。マシン軍団のマネージャーとして人気を博した。99年に北海道芦別市の市会議員になり、四期を務めた。

《P54》

■毎度おさわがせします

1985年から87年にかけてTBS系列で放送されたTVドラマ。女優・中山美穂のデビュー作であり、思春期の青少年が抱く性の衝動をコミカルに描いた。クラッシュ・ギャルズは劇中でもプロレスラーの役。第3シリーズまで制作された。

《P58》

■神取忍

柔道全日本選手権3連覇、世界選手権3位などの肩書を引っ提げ、1986年にジャパン女子に入団。ジャッキー佐藤とのシュートマッチ、団体対抗戦における北斗晶との死闘など、女子プロレス史に残る激闘を演じた。ミスター女子プロレス。06年には参議院議員に繰り上げ当選。10年の参院選で比例区で落選した。

■風間ルミ

女子高生シュートボクサーとして活動後、1986年にジャパン女子プロレスでデビュー。歌やグラビア活動をするなど、アイドルレスラーとして売り出される。92年に退団後、LLPWを設立。日本初の女性代表となった。03年に現役を引退。神取忍が06年に参院選で繰り上げ当選した際は公設秘書に就任している。

■秋元康

AKB48や坂道シリーズなどで知られるプロデューサー。2017年にはAKBグループのメンバーがプロレスをするドラマ「豆腐プロレス」をプロデュース。17年8月には後楽園ホール、18年2月には愛知県体育館で興行も行っている。

《P59》

■山本小鉄

1963年、日本プロレスでデビュー。72年、新日本プロレス旗揚げに参加。コーチとしても活躍。80年4月に現役を引退するとテレビ解説者、審判部長として新日本プロレスに携わる。10年8月、旅先で低酸素性脳症のため死去。

■尾崎魔弓

1986年8月、ジャパン女子プロレスの旗揚げ戦でデビュー。団体崩壊後はJWPの設立に参画。97年よりフリーとして活動。その後はGAEA　JAPANを中心にヒールレスラーとして活躍。06年、それまでユニットだったOZアカデミーを団体化して、その代表に就く。

■キューティー鈴木

同郷で同期の尾崎魔弓と共にジャパン女子プロレスの旗揚げ時に入門。愛らしいルックスからアイドルレスラーとして人気に。98年12月引退。秋元康氏考案の当初のリングネームはアップル鈴木だった。

第二章
開かれた禁断の扉
～対抗戦時代の夢と現実～

スターになれなかったメドゥーサ

クラッシュの引退は、私にとっても勝負のタイミングだった。

１９８９年、32歳の私はクラッシュを長年担当していた実績が買われ、企画広報部長のポジションに就くことになった。とはいえ、企画広報部は私ひとりの部署で、仕事は何から何まで自分でやらなくてはならない。一介のプロレスファンが全女という組織に入り、11年が経過した。ここまで生き残っていることは奇跡的だっただろう。

クラッシュが去った全女は新たなスター候補に白羽の矢を立てた。アメリカからやってきた前AWA※世界女子チャンピオンのメドゥーサだ。彼女はハングリーな精神の持ち主で、日本で成功することに人生を賭けていた。松永会長は私にメドゥーサの面倒を見るように伝えてきたが、クラッシュ引退後、新たにマネージメントするには異色過ぎた。

全女はメドゥーサに月給として７５００ドルを支払っていた。当時のレートで90万円くらいだ。メドゥーサはマーキー・インターナショナルというマネージメント会社と契約を結び、生活費として７５００ドルの中から１５００ドルを受け取っていたという。後年、マーキーと決別したため、生活費以外に預けていた金の支払いは様々な理由を付けられ反故にされたそうだ。メドゥーサはと

1989 年に全女初の外国人所属選手となったメドゥーサ。全女での２年契約の後に帰国し、WWF や WCW で活躍。1994 年の全女東京ドーム大会には WWF 世界女子チャンピオンとして来日。2015 年８月にはスターダム USA のコミッショナーに就任している。

にかく一生懸命な女性で、決して器用とは言えなかったが何事にも全力で取り組んでくれた。歌手デビュー、写真集やイメージ・ビデオの発売とスターのレールに乗せてはみたが、残念ながら大成はしなかった。

少年ファン時代は外国人が好きだったが、仕事となると信頼関係が重要。あるとき、メドゥーサが泣きながら電話を掛けてきたことがあった。彼女はたどたどしい日本語で助けを求めている。どうやら元カレのアメフト選手が彼女のアパートに押しかけ、暴力を振るったらしい。私は早速、メドゥーサのアパートを訪ねたが、NFLで活躍する身体の大きな黒人選手は見るからに強そう。この時はなんとか落ち着かせることができたが、恋多き女にトラブルは付き物だ。

2015年のWWE「ホール・オブ・フェーム」の殿堂入り式典で表彰されたメドゥーサは、スピーチの最後に「オガワサン、ドウモアリガトウネ」と私の名前を挙げてくれた。世界のひのき舞台で私の名前が呼ばれるなんて……これも何かの縁なのであろう。メドゥーサは日本に2年間滞在し、セクシーなコスチュームで男性ファンを悩殺。最後の半年は格闘技戦と呼ばれたキックボクシング・ルールの試合で大いに株を上げ、Tシャツにバギーパンツのワイルドなファイターにモデル・チェンジした。

メドゥーサは日本ではヒット商品にはなれなかった。外国人を応援するほどファンは成熟していなかったし、外国人エースと呼ぶにはプロレスが上手くはなかったからだ。

ルチャの本場メキシコへ

ポスト・クラッシュは次世代に託された。※**堀田祐美子**&※**西脇充子**のファイヤー・ジェッツや、※**北斗晶**&※**みなみ鈴香**の海狼組（マリン・ウルフ）、※**山田敏代**&※**三田英津子**のドリーム・オルカ、※**豊田真奈美**&※**下田美馬**のスイート・ハーツ、※**前田薫**&※**高橋美華**のハニー・エンジェルス、※**グリズリー岩本**&※**バイソン木村**のアウトサイダースなどがポスト・クラッシュの座を巡って争ったが、帯に短し襷に長し状態。本命エースはなかなか決まらなかった。まさに全女の迷走期で、グローブマッチ、金網デスマッチ、髪切りマッチと試行錯誤が続く。

その中で話題を呼んだのが、※**ブル中野**vs※**アジャ・コング**の果てしない抗争劇だった。

全女伝統のタッグチーム戦線ではなく、血で血を洗う個人の肉弾戦が天下を奪ったのは奇想天外の出来事だ。女帝ブル中野は絶対的な王者になり、豊田真奈美や井上京子といった天才肌が注目を浴びる。90年代は新日本プロレスの闘魂三銃士、全日本プロレスの四天王がそうだったように、全日本女子プロレスでも複数エース制が時代の主流だった。

ちょうどこの頃、メキシコのルチャ・リブレを上陸させた※**ユニバーサル・プロレスリング**に選手を派遣。私がメンバーを厳選し、ルチャを食ってやると勇んで旗揚げ戦の後楽園ホールに出向いたが、この時に初来日した「白銀の隕石弾」の異名を持つスペル・アストロが練習で軽くバック宙をしている姿を見て愕然とした。少年時代から**ミル・マスカラス**※の虜になっていたが、ユニバーサルでは宇宙遊泳を見ているかのごとく空中殺法がこれでもかと炸裂する。すっかり魅了されてしまったのだ。ユニバーサルのシリーズでルチャに心を奪われた私は一大決心をして、会社に休みをもらい、ルチャの旅で単身メキシコに赴いた。

ユニバーサルで顔見知りになった**浅井嘉浩**※を追いかけ、ロスからティファナ経由でメキシコシティに横断。浅井宅に寝泊まりして会場に同行、マスク屋巡りもしたり、当時のメキシコの大会場だったエル・トレオのバックステージにも入ることができた。浅井嘉浩は私が初めて親しくなった男子レスラーである。9歳年下だが、私にとってはルチャの伝道師。プロレスラー特有の威圧感がないため、友人関係になれた。メキシコ旅行に出かけたのは1990年12月下旬の10日間。33歳にして初めてのひとり旅だった。ロスのホテルで大晦日を過ごし、紅白歌合戦を見たのは妙な気分だったが、これは現実、正夢だ。

1991年はゴールデンウィークを利用し、3泊5日の駆け足で再び渡墨。浅井の結婚式に親族以外で唯一出席した。パーティにはスペイン語でスーパースターを意味するスペル・エストレージャたちや新日本プロレスから遠征中だったエル・サムライ、ユニバーサルからはグラン浜田、後

筆者にルチャの魅力を教えてくれたウルティモ・ドラゴン（浅井嘉浩）

に新日本プロレスで大活躍する邪道（当時はクーリーSZ）、外道（当時ブルドッグKT）が参列。

しかし浅井は突然、ユニバーサルを離脱した。会社との連絡を絶ち、私の自宅に身を隠した。そして長年主戦場にしていいUWAから**CMLL**※に電撃移籍、ウルティモ・ドラゴンに大変身する。同年8月、私は夏休みを取って初めてCMLLの総本山アレナ・メヒコに行き、ウルティモの口利きでパコ・アロンソ代表と会談の場を設けた。そこで「女子を活性化させたいので協力してほしい」と全女との提携を持ち掛けられたのである。

私のルチャ旅行で、思わぬ副産物が舞い込んだ。

以来、山田敏代&**井上京子**※、下田美馬&**吉田万里子**※、北斗晶&三田英津子らを約7週間の日程で、実に8度に亘り2人ずつ派遣。毎回、私も同行し生活に慣れた頃に帰国した。また試合に同行する中でルチャの写真を撮りまくり、〈週刊プロレス〉や〈週刊ゴング〉に掲載した。1990年から1993年にかけて、ルチャの誌面を私の写真と記事で賑やかせた。少年の頃に憧れた海外特派員の真似事を30歳を過ぎて実現させたわけだ。好きなことを徹底的にやり抜く。私の真骨頂だった。

FMWからの誘い

クラッシュのような大スターこそいないものの、選手が成長したことで全女のプロレスは円熟期を迎えていた。後楽園ホールもようやく満員の活気を取り戻した矢先、女子プロレス史上に残る大仕掛けが舞い込む。

※**大仁田厚**率いる※**FMW**が、団体対抗戦を全女に持ちかけてきたのである。

松永兄弟は大仁田の話を承諾したため、細かい交渉は私の役割となった。この頃にはTVマッチやビッグマッチの主要カードは私が仕切っていた。

１９９２年９月、FMWの横浜球場大会にブル中野&北斗晶を参戦させた。するといきなり〈週刊プロレス〉の表紙に抜擢される。しかし、ブルと北斗がFMWではタブーだった大仁田厚以外のマイクアピールをやってしまった。その日、私は豊田真奈美や山田敏代、井上京子らを連れてCMLLのアニベルサリオ記念大会に出場させていたので、横浜球場にはいなかったのだ。

FMWの交渉窓口は女子を担当していた※**ターザン後藤**。彼はとにかく全女と対等の闘いをしたいという一心だったため、話がかみ合わない。私は全女を背負って交渉のテーブルについていたし、後藤も団体愛に溢れていたから話はいつも平行線。ブル&北斗の見返りに「タッグリーグ・ザ・ベスト'92」に※**シャーク土屋**&※**クラッシャー前泊**をエントリーさせたものの、初戦で※**バット吉永**&※**渡辺智子**を血祭りに上げると残り試合をボイコットしてしまう。

この時代はまだ団体同士の信頼関係など皆無で、お互いにいかに強さを見せつけるかが最重要ポイントだった。体力があり当たりの強い全女が男女混合団体の女子選手に負けるわけにはいかない。

FMWの撤退で団体対抗戦は暗礁に乗り上げる。1992年11月には川崎市体育館で「DREAM RUSH〜川崎夢闘争〜」の開催を発表していた。この大会ではブル中野vsアジャ・コングのWWWA世界シングル王座戦のほか、FMWを絡めたビッグマッチを計画していたが……交渉決裂により、それも難しくなった。

そんな中、私の頭にひとりの男の顔が浮かんだ。**JWP**※の**山本雅俊**※代表である。

この年の夏、私は山本代表と偶然会い、「次はJWPと対抗戦をしましょう！」と社交辞令を言っていたことを思い出した。山本代表はヤマモの愛称で呼ばれ、ジャパン女子のリングアナから旗揚げしたばかりの新団体の代表の座に就いていた。私より1つ年上だが、業界歴は私の方が8年先輩だ。以前から親交があり、私を立ててくれていた。正式に団体対抗戦の話を持ち掛けると、話はトントン拍子に進み、川崎大会の出場も難なく決まった。

「FMWよりも話題になるし、より禁断の対決になる！」

私は自信を持った。今のように人数合わせで日常的に選手を出し合っていては緊張感は生まれない。団体同士が威信を賭けて激突する姿こそが団体対抗戦本来の姿であり、醍醐味だと思う。

JWPはプロレスは上手いが、選手が小粒でパワー不足なのは否めない。山本代表も団体内部だけの戦いでは手詰まり感を覚えていたらしく、渡りに舟の心境だったらしい。だから諸々の条件をすべて呑んでくれた。FMWのようなギクシャクした話し合いではなく、全女を本当にリスペクトしてくれていたのだ。

川崎大会では、ＷＷＷＡ世界タッグ王者の山田敏代＆豊田真奈美に、**ダイナマイト関西**[※]＆尾崎魔弓が挑戦するカードが正式決定した。そのほかでは、キックボクシング界から神風杏子が乗り込んできて、バット吉永とグローブマッチで対戦することも決まった。**オールパシフィック**[※]王者の井上京子に北斗晶が挑戦するタイトルマッチ、バイソン木村の引退セレモニーと続々とラインナップを発表。女子プロレスのプレ・オールスター戦とサブタイトルも付けた。

このときすでに翌年4月2日に、全日本女子プロレスの創立25周年記念大会として横浜アリーナ大会を内定。私はこの記念すべき大会に、ジャパン女子から枝分かれしたＬＬＰＷの参戦も思い描いていた。松永会長は横浜アリーナに、一度は決裂したＦＭＷの選手も出場させたいという意向だった。

そんなときに〈週刊プロレス〉がある行動に出る。ＦＭＷの川崎大会のボイコットを知り、それを見かねたターザン山本編集長が誌面で、ＦＭＷが川崎大会に出場しなければ今後一切、全女とＦＭＷの記事を掲載しない、と通達したのである。これにはＦＭＷ側が譲歩してきた。内心ヒヤヒヤものだったが、これにより**長谷川咲恵**[※]＆**デビー・マレンコ**[※]vsシャーク土屋＆クラッシャー前泊が最終カードとして誕生。ＦＭＷも川崎大会に参加することになった。

ＦＭＷとは勝敗に関わらず、同じカードを両団体で一度ずつ行う約束が取り決められた。舞台裏はごちゃごちゃしたが、プレ・オールスター戦と銘打ったこともあり、川崎大会は4000人超満員を記録した。

カードに加えることはできなかったが、LLPWとは大会の数日前に会談の機会を持った。全女の事務所に風間ルミ社長と神取忍が挨拶に訪れたのだ。風間社長らは旗揚げ間もないので団体対抗戦は時期尚早と消極的、ならば観戦だけでも、と招待することにした。

大会当日、私は北斗晶にLLPW勢の座席の方角を教えていた。抜き打ちの挑発をするためだ。井上京子を得意のノーザンライト・ボムで下し新王者になった北斗は、案の定、神取を挑発した。団体同士の約束事よりも、あくまでも観客を重視したこの行為はLLPWに「全女は油断も隙もない、信用できない団体」という認識を植え付けた。だが、選手以上にフロントの私も熱く闘っていたのである。

北斗のマイクアピールの結果、想定通りの展開で北斗vs神取が急浮上した。この因縁の対決はオールスター戦の目玉カードになる予感がビンビンしてきた。こうなったら手の平に乗せて転がすしかない。

一方、全女vsJWPの開戦は、これぞ団体対抗戦というべき対抗心ムキ出しの連続。豊田が尾崎のアゴを目掛けてドロップキックをぶち当てると尾崎は半失神。やる気で仕掛けた豊田も凄いが、尾崎は小さな体でよく耐え抜いた。山田と関西の蹴り合いは闘争心そのもの。試合は全女が大勝したが、最初からベストマッチと言える試合を作り上げた。それも、感情の赴くままに戦い合って作り上げたのだ。バックステージに戻る途中、私は山本代表と観客に見られないように、さり気なく握手を交わした。

すべて好転したように見えたが、ＦＭＷとはやはり相性が悪かった。

川崎大会では長谷川が前泊を下したが、その数日後に行われたＦＭＷ横浜文化体育館でのリマッチでは、逆の結果になった。控室に戻ると長谷川からＦＭＷの選手が故意に頭から叩きつけた、という話を聞いた。今思えば単に技術が未熟だったに過ぎないが、長谷川の悔しそうな顔を見ると私も怒りが込み上げてきた。マスコミを集めての会見で、私は思わずＦＭＷとの絶縁を口走ってしまったのだ。

事務所に戻りことの顛末を松永会長に報告すると「よくやった！」とほめてくれた。しかし、25周年記念のオールスター戦の準備が進み、ＦＭＷ不参加が濃厚になると「お前が余計なことを言うから悪い！」と怒られてしまった。

女子プロ「夢のオールスター戦」

１９９３年は本格的な団体対抗戦元年となった。

4月2日の横浜アリーナ開催は「ALL STAR DREAM SLAM～夢のオールスター戦～」と銘打った。この頃から大会名を凝ったり、試合にサブタイトルを付けたりと言葉による盛り上げ方を駆使したものだ。

まず1月4日から闘いは始まった。LLPWの後楽園ホール大会を北斗晶率いる猛武闘賊（ラス・カチョーラス・オリエンタレス＝ラスカチョ）の下田美馬、三田英津子が視察。大デモンストレーションを敢行し、ラスカチョはLLPWと主に交わらせた。

同じようにJWPは堀田祐美子と※**井上貴子**が担当。各選手を団体ごとに散らばせることでストーリーラインを固めていった。FMWだけは交渉の窓口から外され、たしか※**植田信治**コミッショナーあたりが話を復活させるために動いたと記憶する。

団体対抗戦の主役は北斗晶だった。北斗はライオネス飛鳥を思わせる、センスのあるレスラーだったが、もうひとつハネなかった。そこでメキシコ遠征をきっかけにビジュアル面を一新。髪の毛をショートからロングに伸ばし、唇や爪先を黒に統一。歌舞伎の獅子舞にも似たガウンを纏い、威風堂々とした出で立ちにモデルチェンジ。※**北斗晶というリングネーム**は私が海狼組時代に考え、毒舌マイク・パフォーマンスも私が対戦相手のデータを教え、それを北斗流に加工していった。

北斗は細い身体を誰よりも大きく見せ、いつも満身創痍の闘いでファンの支持を得てきた。そして何よりも、考え方が柔軟になり、どうしたら観客を驚かせマスコミの記事になるかを模索してい

FMW のハヤブサと珍しいスリーショット。実力はあるがどこか地味なレスラーという印象があった北斗は、対抗戦で弾け、一気にスーパースターの座に駆け上っていった。

た。長与千種とは違う形だが、多くのプロレス・ファンを味方に付けることに成功したのだ。

そして夢のオールスター戦は女子プロレス史上に残るスーパー・イベントとなった。

横浜アリーナに足を運んだのは長与千種の最初の引退試合以来だから4年ぶり。バックステージを走り回ったので、本番前には入場ゲート裏で両足が攣ってしまい歩けなくなる始末。今大会のための記念パンフレット製作にも力を注ぎ、開場と同時に用意した1万部が売り切れた。これだけで2000万円の売り上げ計上である。

大会は第1試合からメインの第11試合まで、かつてない新鮮な刺激に満ち溢れていた。

セミファイナルの北斗晶vs神取忍が始まる頃には午後11時を過ぎていた。

「デンジャラス・クイーン決定戦～死刑執行～」というサブタイトルは、TVの放送コードに引っかかるとされ、本番ではリングアナのコールから〝死刑執行〟の言葉が抜かれていた。

試合は大流血戦をストレート・パンチで北斗が制した。カリスマ北斗晶の誕生の瞬間だった。しかし、北斗は試合後、バックステージの控室に入ると泣き崩れた。勝利を喜ぶ涙ではなく、神取があまりにも乱雑で、試合をコントロールできなかったことに対する怒りと失望の涙だ。

この日を境に北斗のプロレス人生は激変した。一夜にしてスーパースターに駆け上がったのだ。私も長いプロレス生活でこんな奇跡は初めて体験した。それから私と北斗はビジネスパートナーとして、二人三脚で団体対抗戦を乗り越えた。

オールスター戦のメインは山田敏代&豊田真奈美とFMWの※**工藤めぐみ**&※**コンバット豊田**のタッグマッチ。FMWの選手をメインに起用することで、出場承諾という話がまとまっていた。これは私が唯一、関与していないカードだった。ところが試合中に午前0時を回り、大半のお客は会場を後にした。23時59分50秒から観客が一斉にカウントダウンを叫ぶ展開にはビックリしたが、試合の勝者であるはずの山田&豊田は悔しさのあまりに泣いていた。

様々な涙を見たオールスター戦の成功により、全女は正真正銘の王国となっていったのだ。ただ終電がなくなり新横浜駅はごった返し、始末書を提出するオマケは新聞にもニュースとして取り上げられた。

「ロッシー小川拉致事件」の真相

全女における団体対抗戦は私が大半を仕掛けて、思い通りにことが運んで行った。

そして、スター選手を数多く輩出した全女が、女子プロレスという市場の6割を占めた黄金期に突入していく。

団体対抗戦は全女だけの独占ではなかった。各団体も全女と絡むことで恩恵を得ていたのは言うまでもない。

これを巧みに利用して団体力を大きく上げていたのがＪＷＰだ。全女に対して無理のないマッチメイクを提示し、プライド以上に利益を得ていく。山本代表との打ち合わせはスムーズに進行し、「全女がイチバン」を実践するにはもってこいの間柄になった。

ＬＬＰＷは風間ルミが女社長ということもあり、とかく面子にこだわっていたから出遅れた感が強く、全女のビジネスパートナーには成り切れなかった。

ＦＭＷに至ってはターザン後藤と波長や感覚が合わず、いつもトラブルを抱えていた。

横浜アリーナ後のＦＭＷの川崎球場で再度、オールスター戦と同一カードが組まれた。今度は山田&豊田が敗れると、その鬱憤をマイク・パフォーマンスで発散。すると試合後、控室にいた私を呼びにＦＭＷの若手選手がやってきた。

「後藤さんがお呼びです」

ＦＭＷ正規軍の控室に足を運ぶと、いきなりターザン後藤が凄んできた。

「お前がマイクをやらせたんだろ⁉　お前はうちの大会を潰す気か！」

先ほども述べたが、ＦＭＷでは大仁田以外のマイクアピールはご法度。それを破ったとして、ターザン後藤は今にも殴りかからんとする勢いである。すると控室にいた大仁田厚が「後藤やめろ！」と一喝。まるで大仁田劇場を体験しているかのような異世界の珍事だった。

ターザン後藤は大仁田の前で、ＦＭＷの不文律を乱した全女に正義を貫く姿勢を見せていた。もうすっかりFMWのやり方に呆れたが、後藤の大仁田に対しての従順さを垣間見た瞬間だ。これが一部で噂された〝ロッシー小川拉致事件〟の内幕である。

後戻りのできない茨の道

団体対抗戦は横浜アリーナを皮切りに、大阪府立体育会館、日本武道館、愛知県体育館、東京ベイNKホール、大阪城ホール、暮れには両国国技館にまで進出した。こうなると次は東京ドーム初進出という夢の舞台が待っている。

その頃、全女はバブル崩壊によるツケが回っていた。株をはじめ様々な投資に手を出していたが、ことごとく失敗。団体の屋台骨を揺るがせるまでになっていた。団体対抗戦で興行の成功が続いていたので最悪の事態だけは免れていたが、実情は火の車で、現金の支払いをやめて手形決済を軸に資金繰りをせざるを得なくなっていた。具体的に言えば、多額の現金が入る予定のビッグマッチの翌日振り出しで手形を切りまくる。大会の翌日には支払いを清算したが、これはあくまで綱渡り。ビッグマッチがひとつでもコケたら、団体の息の根が止まりかねない。この頃の全女は団体対抗戦というメガヒット商品のおかげでなんとか命をつないでいたのだ。

私は経営サイドに入っていなかったため、当時の全女の切羽詰まった状況はそこまで把握していなかった。松永会長は社員や選手の前では楽天家を貫いた。余計な心配をさせまいと気配りをしてくれていたのだろう。

団体対抗戦やビッグマッチは全女にとって、やり続けるしかない延命策だった。

1993年11月、〈週刊プロレス〉の表紙を全女の東京ドーム大会開催という特報が飾った。開催はその1年後、1994年11月だ。

当時、〈週刊プロレス〉は公称20万部を謳うプロレス界最大の影響力を誇る媒体だった。女子プロレスにも理解があり、ビッグマッチに割かれる誌面は10ページを遥かに超え、大会の増刊号も頻繁に出してくれていた。1年前に開催をアナウンスし、半年前に概要を発表。チケット先行発売は5時間に及び、主役の北斗晶はサインを書き続けた。チケット1枚につき好きな選手のサインをもらえるシステムは、現金回収の常套手段。先行発売だけで会社に4500万円もの現金が入った。まさにメガイベントである。

1994年の年頭に「今年は横浜アリーナ、日本武道館、東京ドームの3大会しか出場しない！」と北斗は仰天発表をしていた。前年12月の両国国技館で神取とのリマッチに敗れ、引退を示唆する発言をした直後のことだ。北斗は本気だった。だから社内では、東京ドーム大会は団体対抗戦の最大の功労者である北斗の花道という認識があった。

北斗の仰天発言は私が提案した北斗と全女の妥協案だ。

当時も全女は相変わらず、去る者は追わない姿勢で、年間250を超える興行についてこれない選手は不要という姿勢だった。しかし、北斗は例外的なスーパースター。北斗に辞められたら、団体の生命維持装置が止まることを意味していた。フロントは北斗の主張を受け入れた。そして、引退までの3大会で莫大な利益を得ることを選んだのだ。

東京ドーム大会は、陰りの出ていた団体対抗戦のクライマックスというよりもエンディングにより近かった。それはそうだろう。あれだけビッグマッチを乱発してきたのだ。他団体との力量の差は試合を重ねるごとに無視できないほど露わになっていったし、各団体もだんだんとこちらの言うことには従わなくなってきた。

その一方で、私のプライベートは絶頂期を迎えていた。ベースボール・マガジン社から『全女がイチバーン!!』（1994年刊）、『やっぱり全女がイチバーン!!』（1995年刊）と2冊の著書を立て続けに刊行。特に最初の本は日本武道館の先行発売で800冊も売れ、書泉ブックタワーのサイン会では長谷川咲恵を投入し、160冊を捌くことができた。

そして何より36歳にして結婚をしたことだろう。結婚は私の生き方に変化をもたらした。あれほど集めていたプロレスグッズの一部をプロレスショップで換金するなど、プロレス一辺倒の生活が変わりつつあった。妻は私に一般紙を読むことを勧めた。これまでスポーツ紙のプロレス面と芸能面しか興味がなかったから、二言目には「あなたは一般知識が不足している。いつまでも人の下で働いていないで、将来会社を経営するための知識を持って欲しい」と言ってくれていた。

私は自分で会社を経営することなんて考えてもいなかった。私が全女を辞めるとすれば、その理由は次の二つのみ。全女が経営破綻するか、松永会長が亡くなるか。全女という団体でようやく自分自身の才能や力を発揮し始めていたのだから、独立など考えたこともない話。妻の言っていることが理解できないし、そんな気はないに等しかった。全女のロッシー小川は特別な存在を築いてきたし、何よりも現状に満足していたのだ。

対抗戦時代のエピローグ「憧夢超女大戦」

〝闘うトライアスロン〟とターザン山本にサブタイトルを付けられた全女の東京ドーム大会は、正式タイトルを「WRESTLING UNIVERS〜憧夢超女大戦〜」とした。

1994年11月20日は、女子プロレスが満天下に披露された記念日だ。

全女の現場スタッフは前日からリング設営やら準備に追われた。私は当日朝にドーム入り。選手控室は外野の奥に位置していたから、会場内を動くこともままならない。

大会のメインは「V★TOP WOMEN〜日本選手権トーナメント」。各団体から選出された8選手によるワンデイ・トーナメントを実施した。主催団体の全女からはその去就が注目されてい

東京ドームでは、JWP のキューティー鈴木（左）と全女の井上貴子（右）という、当時の女子プロレスを代表するアイドルタッグが実現。

東京ドームのバックステージで引退騒動の渦中にいる北斗晶と。

た北斗晶、**ジャパン・グランプリ**※'94覇者の豊田真奈美、準優勝の堀田祐美子、特別推薦枠で井上京子、JWP代表のダイナマイト関西、LLPW代表のイーグル沢井、FMW代表のコンバット豊田という精鋭が集結。また**WWF**※（現WWE）に遠征中のブル中野が一夜凱旋。因縁の相手アランドラ・ブレイズことメドゥーサの世界王座に挑戦した。ブルの遠征は当時のエージェントであり、全日本プロレスの元プロレスラーであった佐藤昭夫氏との話し合いで決まったが、東京ドームで世界王座に挑戦することを条件に加えていた。

全女と交流のあった**みちのくプロレス**※からは名物6人タッグが提供された。**ザ・グレート・サスケ**※はデビューから全女の道場を使用していたことに恩義を感じ、ノーギャラで出場したいと申し入れてきた。だがそうはいかない。全女は100万円の小切手を渡すこととした。シュートボクシングやキックボクシングとのグローブマッチや女子アマレスから山本美憂と浜口京子が参戦。女子プロレスを中心に女子格闘技も結集した祭典を提供した。

プロレス面では長谷川咲恵が変身したブリザードYukiのデビュー戦、井上貴子、キューティー鈴木、福岡晶、工藤めぐみのビジュアル系が揃ったタッグマッチ、1年前に復帰した長与千種は新団体**GAEA JAPAN**※の看板を背負って、レジー・ベネットと対戦。第1試合からメインまで全22試合を組んだが、これは〝闘うトライアスロン〟の意義を尊重してのものだった。

だが、大会のマッチメイカーとしては横浜アリーナのオールスター戦のような高揚感は正直味わ

ブリザードYukiも東京ドーム大会でお披露目した。角川書店発行の〈月刊少年エース〉で連載されていたプロレス漫画の『ブリザードYuki』とのタイアップだった。

えなかった。絶対的な目玉カードは不在で、とりあえず意味付けをして並べた感じ。この1年間でやり尽くしたのだ。実現していないカードはほぼなかったから、ファンにはワクワク感よりも東京ドームという夢の会場で女子プロレスを堪能してもらうしかない。

大会は午後2時から午前0時まで10時間も繰り広げられた。これはおそらく世界新記録だと思う。各団体には200万円の小切手を渡したが、JWPにだけは事前の約束を反故にしたため500万円を支払うことで合意に達していた。

日本選手権トーナメントは北斗晶がアジャ・コングをノーザンライト・ボム4連発で葬り、特製チャンピオン・ベルトを巻いた。引退を決意して挑んだ東京ドーム。北斗は数日前から〝引退撤回〟を心に秘めていた。だからトーナメントで優勝しても明言を避けた。北斗のための東京ドームはスッキリしない幕切れとなった。それから北斗は約半年間、全女マットから姿を消したのだ。

団体対抗戦というパンドラの箱を開けて、禁断の果実を食べたが、どうだったのだろうか。対抗戦はこの東京ドーム大会以前に一区切りがついていたが、当初は刺激の強い闘いだったのが、見慣れることで殺気と活気が失われてしまった。本来なら団体間、選手間に因縁のドラマが構築され、大河ドラマとなる可能性もあったが、しょせんは違う団体同士で価値観がバラバラ。団体対抗戦は各々の威信を賭けたあくなき闘争だ。90年代にブームを巻き起こした団体対抗戦は東京ドームで幕を閉じた。その後、これ以上の熱い刺激は起きてはいない。

2章に登場するプロレス関連の用語集

《P68》

■AWA
アメリカン・レスリング・アソシエーションの略称。1960年から91年まで存在したプロレス団体。本拠地はミネアポリス。アメリカ北部エリアで活動した。

《P71》

■堀田祐美子
1985年デビュー。クラッシュギャルズに続くスターとして期待されていた。03年に全女を退団。その後は複数の団体に所属、退団を繰り返す。日本の女子プロレス界において一度も引退せずもっとも長く現役を続けている選手である。

■西脇充子
1985年デビュー。90年10月に引退後はタレントに転身し、ヌードを披露したことも。大相撲力士の魁皇と結婚し、現在は浅香山部屋の女将。

■北斗晶
1985年デビュー。93年から94年にかけての団体対抗戦における激闘でプロレスファンの間にその名を広める。95年、プロレスラー佐々木健介と結婚。産休などを経て02年4月に引退。その後はタレントに転身し、お茶の間の人気者に。

■みなみ鈴香
1985年デビュー。玄人好みのレスリングに定評があった。95年の引退後に結婚。夫婦で目黒区に焼肉店をオープン。16年に閉店して地元に戻ったとのこと。

■山田敏代
1987年デビュー。豊田真奈美とのライバルタッグで全女の時期エース候補の一角だった。97年にGAEA JAPANに移籍したが、古傷の頸椎を痛め04年12月に現役から引退。その後は居酒屋の経営に専念するも13年に閉店。

■三田英津子
1987年デビュー。174センチの長身から繰り出すダイナミックな技で人気を博す。現在、男女問わずに使い手が多いデスバレーボムの元祖。同期の下田美馬との猛武闘賊（ラス・カチョーラス・オリエンタレス）は女子プロレス史上に名を残す名タッグチーム。

■豊田真奈美
1987年デビュー。同年にレスリング全日本選手権に出場して女子65キロ級で優勝。飛び技の美しさから〝飛翔天女〟の異名を持つ。女子プロレス界屈指のドロップキックの名手であり、極度の打たれ強さとスタミナからゾンビとも呼ばれていた。17年11月に引退。

■下田美馬
1987年デビュー。全日本女子プロレ

ス、ネオ・レディースなどを経て03年に一度引退したが05年に本格復帰。その後、フリーランスとして活動して、現在はメキシコ在住。現地にてCMLLに参戦中。

■前田薫

現KAORU。1986年デビュー。91年にユニバーサル・プロレスリングに移籍したジャパニーズ・ルチャドーラの先駆者。その後、GAEA JAPANに在籍。負傷による長期欠場を経て現在はMarvelousに在籍。ハードコア系の試合のスペシャリストである。

■高橋美華

1986年デビュー。長与千種の付き人を務める。90年に出場したユニバーサル・プロレスリングの試合では華麗な動きで男子プロレスファンを魅了。新たな観客層開拓に一役買う。91年10月引退。

■グリズリー岩本

1985年デビュー。極悪同盟、獄門党といったヒール軍団を渡り歩き、全日本タッグ王座、WWWA世界タッグ王座といったタイトルを獲得。90年に事実上の引退。元プロレスラーと明かしたうえで風俗業界で働く。また、キャットファイトのリングにも上がった。

■バイソン木村

1986年デビュー。ヒールでありながら美形で男性ファンも多かったが、髪切りマッチに敗れリング上で丸坊主になったことも……。92年に引退するも94年に復帰。吉本女子プロレスJd'の旗揚げに参加するが、97年に2度目の引退。凶器のトンファーがトレードマークであった。

■ブル中野

1983年デビュー。キャリア2年時に極悪同盟に加入。以降、ヒールレスラーとして実績を重ね、88年、ダンプ松本の引退後に獄門党を結成。女帝、ブル様と崇められるようになる。WWF（現WWE）やWCWで活躍し、97年に引退セレモニーも行わずフェイドアウト。その後、12年に引退セレモニーを行った。現在は中野区で『ガールズ婆バー中野のぶるちゃん』を経営（19年3月閉店予定）。

■アジャ・コング

1986年デビュー。90年初頭より、その巨体とモヒカン刈り（当時）、ペイントといった風貌通りのド迫力ファイトで男子プロレスファンからも注目を集める。97年に全日本女子プロレスを退団し、アルシオンの旗揚げに参加。その後、フリーランスとしてGAEA JAPANを主戦場にして活躍。現在はOZアカデミー女子プロレスに所属。タレントとしてはWAHAHA本舗に所属している。

■ユニバーサル・プロレスリング

1990年3月に旗揚げ。日本で初めてメキシコのプロレスであるルチャ・リブレを主軸とした団体であり、シリーズごとにメキシコ人選手を招聘して試合を行ってきた。93年に解散。現在のウルティモ・ドラゴン、ザ・グレート・サスケ、スペル・デルフィンといった選手を輩出したことや、日本に本場のルチャリブレを紹介した功績は大きい。

《P72》

■ミル・マスカラス

おそらく世界で最も著名な覆面レスラー。華麗な空中殺法、試合ごとに変わるマスクでおなじみ。異名は仮面貴族、千の顔を持つ男など。80歳近くなった現在でも現役であり、たびたび来日している。

■浅井嘉浩

現ウルティモ・ドラゴン。１９８７年にメキシコでデビュー。日本デビューは90年のユニバーサル・プロレスリング旗揚げ戦。91年にマスクマンのウルティモ・ドラゴンに変身。日本での主戦場もＳＷＳ→ＷＡＲとなる。また、ＷＣＷ、ＷＷＥといったアメリカのメジャー団体にも進出。97年、メキシコにプロレス学校・闘龍門を設立。オカダ・カズチカ、ＣＩＭＡといった選手を輩出した。

《P74》

■ＣＭＬＬ

メキシコのプロレス団体であり、現存するプロレス団体としては世界最古である。１９３３年にＥＭＬＬ（Empresa Mexicana de la Lucha Libre）として設立。現在は新日本プロレスと提携して選手の派遣を行っている。

■井上京子

１９８８年デビュー。明るく、楽しい魅せるプロレスで台頭。ＷＷＷＡ女子王座をはじめ、数々のタイトルを獲得する。97年に全女を退団。翌年「ネオ・レディース」を旗揚げする。18年現在は女子プロレスディアナ代表。武蔵小山でスナック「あかゆ」も経営している。

■吉田万里子

１９９８年、全日本女子プロレスのリングでデビュー。好感度抜群の立体殺法で活躍し、ＣＭＬＬ世界王座をかくとく。97年9月にアルシオンに移籍。団体閉鎖後はフリーランスなどを経て、『息吹』を主宰。17年1月に引退。

《P75》

■大仁田厚

１９７４年4月に全日本プロレスでデビュー。85年1月に1度目の引退。タレントなどを経て88年に現役復帰し、翌年にＦＭＷを設立。〝涙のカリスマ〟として一世を風靡する。何度もの引退→復帰を繰り返した結果、18年9月にファイトマネーを貰わないボランティアレスラーとして7度目の現役復帰を果たした。

■ＦＭＷ

１９８９年7月に大仁田厚が5万円の資金で設立したプロレス団体。正式名称はフロンティア・マーシャルアーツ・レスリング。有刺鉄線デスマッチなど過激なデスマッチで人気を博した。しかし、00年代になると放映権打ち切りやエース選手ハヤブサの試合中の事故による戦線離脱などが重なり、02年2月に倒産した。

■ターザン後藤

中学卒業後に九重部屋に入門。廃業後に全日本プロレスに入門し、1981年2月にデビューし、85年に海外修行へ。そのままアメリカに定着後、FMWの設立に合わせて帰国。大仁田厚の右腕的存在になるが95年4月末に突如退団。その理由を話すことはなかった。

■シャーク土屋

1989年FMWでデビュー。常にヒールとしてFMW女子部を牽引。98年にフリーとなり、インディー団体を渡り歩く。15年1型糖尿病で右足切断。16年11月に引退セレモニーを行った。ちなみにFMW設立当初の団体ロゴは彼女の作。

■クラッシャー前泊

1990年3月にFMWでデビュー。シャーク土屋らと共に猛毒隊を組み、各団体を渡り歩く。00年7月に引退。その後、名古屋にて『パブ・クラッシャー』をオープン。現在は時折、リングに上がることもある。

■バット吉永

1989年10月、全日本女子プロレスでデビュー。極真空手経験者で格闘技戦に出場する機会が多かった。リングネームはオーディションでバットをキックで折ったことに由来する。

■渡辺智子

1989年10月、全日本女子プロレスでデビュー。ウエイトアップと共にパワーファイターに転身。全女終盤期には覆面レスラーZAP-Tとして活躍。06年に一度、現役を引退したが11年に復帰。現在はMarvelousに所属している。

《P76》

■JWP

前身団体にあたるジャパン女子プロレスが解散後に1992年に設立。「ピュアハート・ピュアレスリング」をキャッチフレーズに爽やかな試合を中心にする一方で、「2カウントフォールマッチ」や「オンリーギブアップマッチ」などの試合形式で人気を博す。17年2月に諸事情により選手が所属していた運営会社が団体名使用の契約の終了を発表。その後、選手たちが新団体『PURE-J』を設立し、事実上の活動休止となる。

■山本雅俊

1956年2月19日、徳島県出身。JWPの前身にあたるジャパン女子プロレスの旗揚げ戦で、リングアナウンサーとしてデビュー。ジャパン女子プロレス崩壊後の92年にJWPを設立するも01年に離脱。その後はフリーのリングアナとして様々な団体でコールを行っている。

《P77》

■ダイナマイト関西

全女のオーディションに落ち、ジャパン

女子の一期生として１９８６年デビュー。ＪＷＰに移籍後、ミスＡからダイナマイト関西に改名。95年８月、アジャ・コングに勝ち全女外の選手では初めてＷＷＷＡ世界シングル王座を獲得した。

■オールパシフィック

１９７７年に全日本女子プロレスの初の海外遠征を記念して、ハワイアンパシフィック王座として創設。79年12月にロサンゼルスで行われたＷＷＷＡ総会にて筆者の提案でオールパシフィック王座に改称された。通称：白いベルト。スターダムのワンダー・オブ・スターダム王座は、このベルトがモチーフになっている。

■長谷川咲恵

１９８９年12月、全日本女子プロレスでデビュー。そのルックスと、ひたむきなファイトで男性を中心に人気が出る。94年の東京ドーム大会でマスクウーマンのブリザードＹｕｋｉに変身。しかし、95年から首を痛め、後遺症により試合の精鋭を欠く。96年に引退。98年には『アルシオン』に広報として参加した。

■デビー・マレンコ

アメリカ出身の女子プロレスラー。フロリダ州タンパにあったプロレスラー養成所・マレンコ道場出身。リングネームはそれに由来する。91年に来日。流れるような関節技やスープレックスといった技を武器に頭角を現す。93年に試合中の負傷によって帰国しフェードアウト。17年11月、かつての盟友であった吉田万里子の引退興行のために来日。元気な姿を見せた。

《P80》

■井上貴子

１９８８年10月デビュー。アイドル系のルックスで男性人気が高く、写真集を数多く出版。92年にはＣＤデビューも果たす。99年に全女を退団。フリーランスとして各団体に出場し、05年よりＬＬＰＷ（現ＬＬＰＷ-Ｘ）に所属。元祖アイドルレスラーとして、今なお現役で活動中。

■植田信治

元デイリースポーツ編集局長。全日本女子プロレスと縁が深かったことから団体が管理する王座・ＷＷＷＡのコミッショナーを務める。これらの功績が称えられて１９９８年に女子プロレス殿堂入りを果たした。01年11月６日に逝去。

■北斗晶というリングネーム

北斗晶というリングネームは、彼女が若手時代から前田日明氏に似ていたからアキラ。そしてノーザン・ライト・スープレックスを決め技にしていたから北斗にした。

《P83》

■工藤めぐみ

１９８６年８月、全日本女子プロレスでデビュー。同期はアジャ・コング、バイソン木村など。88年に全女を引退。90年にＦＭＷで復帰し、女子部のエースとして活躍。過激なデスマッチを厭わず、「邪道姫」と呼ばれた。97年に引退。翌年プロレスラーのBADBOY非道と結婚。

■コンバット豊田

1986年9月、全日本女子プロレスでデビュー。88年に引退。90年、全女時代の同期・工藤めぐみとともにFMWで復帰。96年5月には工藤めぐみと女子で初となるノーロープ有刺鉄線・電流爆破デスマッチを敢行。世界のデスマッチ史に名前を残した。引退後は兵庫県尼崎市で焼肉店を経営している。

《P90》

■ジャパン・グランプリ

1985年から04年まで開催されたシングルマッチによる総当たりリーグ戦。ただし最後の大会となった04年はワンデートーナメントで開催。旧称：フジテレビ杯争奪ジャパン・グランプリ。

■WWF

現WWE。1963年に設立された世界最大のプロレス団体。当初はWWWF（World Wide Wrestling Federation）という名称だった。79年3月に団体名をWWF（World Wrestling Federation）に改称するも同じ略称の世界自然保護基金の訴えにより02年にWWEに改称。現在はスターダム出身のカイリ・セイン（宝城カイリ）、紫雷イオが在籍している。

■みちのくプロレス

1992年10月にユニバーサル・プロレスリングを退団したザ・グレート・サスケが設立。プレ旗揚げ戦を経て93年3月に旗揚げ。東北地方を中心に活動をする元祖ローカルプロレス団体として知られている。

■ザ・グレート・サスケ

1990年3月にユニバーサル・プロレスリングにおいて素顔でデビュー。メキシコでの修行を経てマスクマンのザ・グレート・サスケに変身。その後、92年10月にみちのくプロレスを設立。難易度の高い空中殺法を繰り出して、一躍全国区の人気レスラーになった。ジャパニーズ・ルチャの立役者であり、元岩手県議会議員でもある。

■GAEA JAPAN

長与千種が1995年4月に後楽園ホールで旗揚げした女子プロレス団体。所属レスラーが少数だったことを逆手にとり、厳しいトレーニングで新人を育成。里村明衣子（現・センダイガールズ）、永島千佳代（現・フリー）、加藤園子（現・OZアカデミー）などの一期生はその完成度の高さから〝驚異の新人〟と呼ばれた。北斗晶やライオネス飛鳥、デビル雅美、アジャ・コングなど大物フリーが次々と参戦。女子プロレス界で一時代を築いたが、05年に解散した。

第三章

全女帝国の崩壊

～松永兄弟との決別と新団体設立構想～

ポスト対抗戦時代のエース

東京ドーム大会で団体対抗戦に一区切りを付けた全女は、これまでにも増して団体内の闘いが過激になってきた。話題になっていた団体対抗戦だが、全女の選手たちにしてみれば肉体的には物足りなさを感じていたのは事実。そのため、団体内の試合は全日本プロレスばりに肉体が削られるような激しいぶつかり合いが主流になってきた。それが面白くないわけがない。私はいかにファンの興味をひくカードを提供できるかを考え、選手たちもまたそれに極限のファイトで応えてくれた。

北斗が第一線を退いた後の新女王は〝飛翔天女〟豊田真奈美だった。

この〝飛翔天女〟というキャッチフレーズは、豊田のしなやかで闘争心溢れる姿から名付けた私の傑作の一つだ。私は北斗晶、みなみ鈴香をはじめ、※**チャパリータASARI**、※**白鳥智香子**、※**元気美佐恵**、※**タニー・マウス**といったリングネームを考えるだけでなく、多くの愛称やキャッチフレーズも世に出してきた。ラス・カチョーラス・オリエンタレス、フリーダム・フォース、U★TOPSなどのユニット名を考案、デンジャラス・クイーンは北斗の代名詞にもなった。やはりプロレスにキャッチフレーズは必要不可欠だ。

さて、新女王の豊田は松永兄弟が考えるところの女子プロレスラーの理想像だった。

古くは岡田京子や京愛子が兼ね備えていた〝美人&柔軟性〟は、松永兄弟が作ったステレオ・タイプの女子プロレスラー像そのものだ。

黒髪をなびかせナチュラルで野生的な身のこなし、底無しのスタミナ、何より男子プロレスの影響とは無縁のザ・女子プロレスが、松永兄弟流の王道。全盛期のジャガー横田もこれに近いタイプだった。その意味で男子の技や思想を取り入れたクラッシュ・ギャルズは松永兄弟の発想にない異次元の選手で、北斗の体を張った闘いはどちらかといえば好みだっただろう。

豊田がアジャを下してWWWA世界王者に輝いたのは、「ジャパン・グランプリ'90」に優勝してから5年が経ち、デビューからは9年目という数字上では遅咲きの部類だった。ブルやアジャが頂点に立ってから、ヒール・ヒロインが幅を利かせた。松永兄弟としてはいち早く豊田の天下にしたかったが、北斗という異分子が大ブレイクしたのだから、長らく順番待ち状態。1995年3月に初戴冠を果たし、5月の後楽園ホール大会では井上京子とのWWWA世界王座を賭けた〝天才対決〟は史上に残る60分フルタイムドローを繰り広げた。

団体対抗戦以降は大会場のみで行われていた至宝のWWWA世界王座戦をなぜ後楽園でやったのか？　それはどんな大会でも見逃してほしくない、そんなファンへの思いを込めていたからだ。

団体対抗戦以降の主要大会のマッチメイクはほぼ私のアイデア。だが松永兄弟の一員であり、マッチメイクを任されていた国松さんの顔を立てていた。いつも私がカードを考え、その流れや内容を国松さんに報告すると、必ずそれを通してくれた。もう100パーセントに近いくらい私の手腕を尊重してくれたし、「お前が決めたとなると兄弟たちは面白くないから、あくまで俺が考えたことにして通すから……」と阿吽の取り決めをしていたのである。

それでも形ばかりの打ち合わせをして、カードを頭の隅にインプットしてもらっていた。こちらも大会を成功させる責務があり、いい形の二人三脚だった。国松さんはよく「もっと他団体に対して優しくしてやれよ」と言うほど人柄の良さがにじみ出ていたが、松永会長は「他団体の選手も自分の団体の選手と思えば、何の問題もない。全部自分のものだと思え」となんとも強引な考え。やはり私はどこまでいっても外様でしかない。「お前は小川に使われているのか!?」と陰で国松さんが会長に責められていたことも知っていた。

ジュニア・オールスター戦の成功

1995年が全女にとっては最後の栄光の年だった。

93年から続く春の横浜アリーナ、夏の日本武道館、暮れの両国国技館が大きな柱。95年夏の日本武道館大会は初めて他団体に頼らぬカードで成功した。豊田真奈美vs北斗晶、井上京子vsブル中野、堀田祐美子vs※**レジー・ベネット**で全女の魅力を存分に発揮。松永会長は翌年の武道館2連戦を示唆

1995年4月には、北朝鮮でのプロレス興行「平和のための平壌国際体育及び文化祝典」にブル中野、北斗晶、豊田真奈美、吉田万里子を伴って参加した。この大会がきっかけで北斗は佐々木健介と結ばれたことはよく知られる。写真は特別ゲストとして訪朝していたモハメド・アリと。猪木vsアリ戦以来だから、約20年ぶりの再会（？）だ。

していた。私は16選手出場の全女最強決定戦トーナメントを考えてもいたが……WWWA世界王座は1年のうちに豊田真奈美→アジャ・コング→ダイナマイト関西→豊田真奈美と移動を繰り返す。

翌1996年には、私の全女における最後の大型プロデュース「ジュニア・オールスター戦」を実現させた。これは今では日常的になっている若手同士の交流の先駆けでもある。

年々、団体のトップが真っ向から闘うこれまでの団体対抗戦は難しくなっていた。いつまでも全女の自由にはさせないと各団体の首脳は守りに入っていたからだ。そのため、ジュニア・オールスター戦はどの団体も対等であるということを打ち出して、全女が一歩下がったスタンスでいないと成功しない。

会場は大田区体育館を希望した。大会の開催を松永会長に伝えると「若手だけで満員になるのか？ そうだな……500万の売り上げを出せるならやってもいい」といきなり高いハードルを突きつけられた。女子プロレスの未来への架け橋になる大会だと訴えたが、そんなことは御構いなし。各団体は必死に次世代の育成に力を注いでいる。本来、若手の育成は全女のお家芸だったはずだが、もう団体の台所事情はそれどころじゃなかった。私はそんな状況を変えるべく、「ジュニア・オールスター戦」の実現に全精力を傾けたのである。

かつてないほど細かいプロモーションを行い、大会のスケールをビッグマッチ並みに盛り上げてきた。大会前夜、全女は仙台で興行を開催し、選手たちは当日、不眠不休で会場入り。そして大会

ジュニア・オールスター戦に出場した選手たちと。左からチャパリータASARI（全女）、大向美智子（LLPW）、玉田りえ（全女）、白鳥美智子（Jd'）、府川由美（全女）。

は超満員を記録した。おそらく３０００人以上は動員しただろう。

当初の話し合いから、第１回を全女が仕切り、今後は各団体が持ち回りで運営にあたることが決まっていた。

翌１９９７年にはＧＡＥＡ　ＪＡＰＡＮ、１９９８年にはＪd'※が続いて開催権を持ち、それから８年後の２００６年にＮＥＯ※、２００７年にＪＷＰが復活させた。あれから11年、似たような主旨の大会は幾つかあったが、もはや日常的に交流し合っているからもうインパクトはない。

そういえば第１回大会が成功に終わった時、ＪＷＰの山本代表は笑いながらこう言った。

「ジュニア・オールスター戦の陰にロッシー小川の離婚あり。離婚のショックやストレスがパワーになって、再び小川さんを仕事人間に戻したんですよ。それがジュニア・オールスター戦を産み成功に導いたんです」

そう、私は結婚生活に2年足らずで終止符を打ち、離婚届を出していたのだ。

束の間の家庭生活は崩壊し、精神的にもドン底を味わった。

松永会長に離婚した旨を告げると、同期で営業部長だった氏家清春も同時期に離婚しており「お前もかよ（笑）」と一笑されたのだ。離婚の原因は何だったのだろう……気遣いと優しさが足りなかったことは自負している。結婚も離婚も経験してみると決して間違ったジャッジではなかった。

ベースボール・マガジン社との悪夢の共催

１９９６年の夏の武道館２連戦はベースボール・マガジン社との共催として運営された。２連戦に対して急に消極的になっていた松永会長が〈週刊プロレス〉のターザン山本編集長に相談して、それに同社の事業部が乗る形で仕切り直すことになったのだ。

全女としては、すっかり売り興行のつもりでおり、ベースボール・マガジン社に大会の主導権を委ねた。このとき全女のフロントは大金が舞い込むものだと錯覚していたから、後々話がややこしくなってしまった。

山本編集長が提案して「ディスカバー・ニューヒロイン・タッグトーナメント」というコンセプトが決まった。各団体のキャリア組と若手を組ませたトーナメントは画期的だったが、これまでの団体対抗戦のような団体の威信をかけた闘いではなく、交流戦の色合いが強かった。ジュニア・オールスター戦の成功もこの企画を推し進めていく遠因になっていた。

しかし、大会の準備が進む中で、首謀者の一人であるターザン山本編集長が突然の辞任。当時、〈週刊プロレス〉は新日本プロレスから取材拒否を受けたダメージで、売り上げが大幅ダウンしていた。新日本プロレスが出した山本編集長を外すという条件をベースボール・マガジン社側が呑んだのである。

「もう交渉事は僕にはできない。だから小川さんにバトンタッチしたい……」

私は山本編集長から引継ぎを受けて、各団体との交渉を任された。いわば尻拭いのような感じで私が受け継ぐかたちになったのだが……やはり雑誌には雑誌の役割がある。大会をプロデュースしようと思えば、デリケートな問題をクリアしていかねばならない。餅屋は餅屋として動くことで軌道修正に努めた。

同時に総合格闘技のトーナメントである、U☆TOPトーナメントも仕切らなければならない。格闘技関係者にアドバイスをもらいながら、世界の格闘家をブッキングしていく。

ベースボール・マガジン社の事業部から与えられた予算は、採算度外視かと思うほど潤沢だった。おそらくベースボール・マガジン社は、前年に東京ドームで開催して成功を収めた「プロレス夢の架け橋」の2匹目のドジョウを狙っていたのだろう。

しかし、その目論見は大きく外れる。大会を煽る増刊号まで事前に発売したのに、興行は大失敗に終わったからだ。

おそらく初日、2日目も1500人程度しか入らなかったのではないか。観客席はガラガラで、もちろん大赤字を出してしまったのだ。いまになって思えば、武道館大会をやれるほどプロレスファンの間に若手選手の名前が浸透していなかったし、女子格闘技にも客を呼べるエースが存在していなかった。

当然のごとく全女とベースボール・マガジン社は大会後に支払いをめぐってモメた。

全女は赤字を補てんする気はサラサラなく、結局、そのすべてをベースボール・マガジン社側が被ることになった。そして、ベースボール・マガジン社の事業部の担当部長は、大会失敗の責任を取って辞職に追い込まれたのだった。

サラ金で50万円借りてこい

この夏以降、全女の興行は徐々に低迷していく。そうして始まったのが、給料の遅配だった。毎月25日に支払われるはずの選手やスタッフの給料が遅れ出し、月末が月初めになり、やがてなし崩しになってきた。

12月になると、こんなことがあった。

事務所に行くと営業部長の氏家が悲痛な面持ちでスタッフに向けてこう言ったのだ。

「会社の意向で、社員全員でサラ金に行ってそれぞれ50万円を借りてきてほしい。必ず返済するし、これを行なわないと会社は潰れる……」

こんなことを言われたら、考える余地はなくサラ金に直行するしかない。DICという消費者金融でキャッシングカードを作らされ、50万円を持参して会長室に飛び込んだ。松永会長からは借りてきた謝礼に5万円をもらった。自分で借りてきた現金をバックしてもらうのは複雑な思いだった。

対抗戦時代の最盛期には全女の年商は16億円あった。これは松永会長が社員を集めた年頭のあいさつで言っていたので、確かなところだろう。その頃、すでにバブルは弾けていたが、ビッグマッチの乱発と副業のカラオケボックスや飲食店の売り上げもあって、全女は女子プロ界で圧倒的な帝国を作り上げていたはずだった。しかし、投資の失敗や乱脈経営の影響もあり、それがわずか数年で社員にサラ金で借金させるまでに追い詰められてしまう。興行の世界の苛烈さである。

その年の暮れも押し迫った12月30日、私と営業部長の氏家は会社に呼ばれ、取締役就任を通達された。その際に松永会長から「これからは何でも会議で決める。マッチメイクもみんなで考えて意見を出し合っていく。この会議で賛成が得られなければ決定にならない……」と告げられた。今後は私の独断でマッチメイクを取り仕切るのは許さないということだ。

登記簿とは無縁の名前だけの取締役となったが、それは松永兄弟の二世たちを役員に昇格させるための新体制作りのついでのようなものだった。

新体制では、松永会長の長女・松永ひとみが取締役経理部長、松永健司さんの長男でレフェリーのボブ矢沢が常務取締役、松永俊国さんの長男・松永光樹が取締役事業開発部長、松永家の長女である吉葉礼子の娘の田口かほるが取締役企画製作部長とファミリーのすべてが取締役になった。

この仰天人事は今後、松永兄弟の二世が全女の主導権を握ることを示唆していた。とりあえず古株の私と氏家を無視するわけにもいかないから、取締役という名前を与えたに過ぎない。そうなると、イエスマンの氏家はともかく意見を主張する私は絶対悪とみなされる。

新体制の会議では松永俊国さんが主張し、全員が賛同する流れになった。私は窓際に追い込まれた心境になったが、辞めるという選択肢はまだおぼろげだった。

芽生えてきた〝ある決意〟

全女は旗揚げから30年の間、山あり谷ありだったが、松永兄弟の強い結束で見事に荒波を乗り越えてきた。しかし、実際は創立者の松永会長が経営面のすべて切り盛りし、債務の苦労を一手に引き受けて日夜走り回っていた。常人ならとっくにギブアップして会社倒産するところを、人並み外れた精神力と強運で何度もミラクルを生んできた。

１９９７年に入ると毎日がXデー。５日ごとにやってくる手形の決済に四苦八苦する日々が続いた。銀行からの借り入れは限度額を超え、様々な金融機関から借りられるだけ借り、黒い関係にまで借金をしていた。給料遅配は慢性化し、選手たちは〝有給〟と称して順番に休まされた。休ませることで支払いを軽減する策だが、お目当ての選手が事前告知なく欠場するのだから、ファンにはいい迷惑だ。

そんな中でまず山田敏代が「GAEA　JAPANに移籍したい」と告げてきた。憧れの長与千種のもとで現役生活の最後を迎えたいという。この移籍と並行してアジャ・コングがフリーを表明。これには営業サイドは困惑したが、松永会長にとってはちょうどいいリストラとなった。大幅なコストダウンになるし、これこそ全女が30年間も継続させた基本姿勢だからだ。

私にとって全女は居心地の悪い会社になってきた。私は独断と独走でこれまでやり抜いてきたから、誰の意見よりも自分の感性を信じてきた。だから全女という組織に限らず性格的に会社組織は不向きだ。JWPの山本代表は常々、私を「団体内自由人」と称していた。勝手な事ばかりやっているが、ヒット興行を続けている限りは必要とされる存在というわけだ。

だが、二世の時代に入るとフロントはこれまでの方針を転換し、合議制をとり、あくまで松永家主導が正義という姿勢を明確に打ち出してきた。こうなるともう私の居場所はない。他人がやり散らかしたことを整理したり、調整したりする仕事では、私のモチベーションが保てない。

1997年の春頃から、私は自問自答を重ねて、独立を画策するようになっていた。そんな折、仕事で頻繁に接していた※**玉田りえ**&※**府川由美**のタマフカが、全女を辞めたがっていることを知る。タマフカは若手の人気タッグチーム。特に府川はそのアイドル性で全女の中でも1、2を争う人気者になっていた。私はタマフカとともに新団体を設立することを考えるようになる。

しかし、ひと口に独立といっても興行全体を仕切ったこともなければ、経営の何たるかもわかっていない。だが、ファンを刺激するマッチメイクを考え出し、マスコミ戦略を駆使して大会にプレミアムを付けたりすることは誰よりも長けている自信があった。

まずは団体として選手を確保しなくてはならない。私は人気選手を中心とした究極のビジュアル団体の誕生を夢見ていたのだ。

昼間は会社で仕事をし、夜は有志が集まり新団体設立の構想を話し合う。新団体設立にあたっては、取材で知り合ったNさんが特に積極的に協力してくれた。

まずは各団体の若手選手の中で燻っている者にポイントを絞り、引き抜きを検討した。

男子の団体では引き抜きや裏切りが日常茶飯事だが、女子の世界ではそんな大胆な行動はかつてなかった。だから、慎重にことを進めなければならない。

検討を重ねた結果、ＪＷＰの※**キャンディー奥津**、※**福岡晶**、※**久住智子**（日向あずみ）、※**本谷香名子**（美咲華菜）、ＬＬＰＷの※**大向美智子**らがメイン・ターゲットになった。これに全女からタマフカが加われば屈指の人気団体となるはずだ。

私たちはまるでいちプロレスファンになったかのように、夢の団体構想を練っていった。

新しい団体には、新しいスターが必要だ。私は妄想の中で、好感度の高い吉田万里子の顔を思い浮かべていた。吉田はマイペースでつかみどころがないタイプだが、私の新団体構想の中軸を担うエース候補と位置付けていた。全女内部から吉田に対して批判的な声が上がっているのを知っていたから、移籍に支障がないと勝手に判断していた。

有志の集まりではリング上のことばかり話し合ったが、肝心の会社作りのためのノウハウと資金がない。私は同郷で懇意にしていた林督元《はやしまさゆき》医師に新団体構想を持ち掛けた。ドクター林は以前から「小川さんは早く独立した方がいい。その時はスポンサーを見つけて協力するから」と言ってくれていたからだ。

新団体設立の意思があることを打ち明けると、ドクター林は「スポンサーを確保する」と全面協力を約束してくれた。ドクター林は病院の院長でありながら、プロレス団体のリングドクターをしたり、本を執筆したりと表に出る仕事を好んでいたので、団体の取締役に名を連ねていただくことも視野に入れていた。これでスポンサーも見つかるだろうし、団体を発進させることができる。私は良い方向ばかり思い描いていた。

井上京子のクーデター

そうこうしているうちに、全女の選手たちが給料未払いのストライキを決行しようと行動に出た。リーダー格の堀田祐美子が経営陣と交渉したが、未払い賃金の全額支払いの約束は反故にされ、新たに分割払いが約束されたのだが……、そこで井上京子が新団体設立を目指し、クーデターとも呼べる行動に出たのだ。

8月14日、井上京子は茨城県の取手大会に出発する前、道場に一部選手を集め、自らの構想を打ち明けた。明かされた構想は選手を救済するための内容で、その場で即答する若手選手もいたが、多くの選手が答えを保留。すると京子は「明日、返事が欲しい」と通告した。

京子と松永兄弟は、もともと折り合いがあまり良くなかった。松永兄弟は京子の観客を煽るパフォーマンスに嫌悪感を抱いていた。京子のような明るく楽しいプロレスは松永兄弟の考えるプロレスとは違う。豊田真奈美のプロレスは支持するが、京子のプロレスは否定していたのだ。

おそらく京子もそれを肌で感じていたから、全女に対する背信行為に踏み切ったのだろう。

この京子のクーデター騒動はその日のうちに私の耳に入った。

タマフカが私の家にきて詳細を報告してくれたのだ。

「早く吉田さんに連絡してください！」

私はまだこのとき、吉田に新団体設立の話をしていなかった。

深夜3時になっていたが、私は2人に急かされるように吉田に電話した。吉田はまだ京子の発言にピンときていない様子で、私の話す新団体構想に耳を傾けてくれた。私は焦っていた。私も春先から話し合いを積み重ねて、新しい旅立ちをしようと動いていたのだ。京子の行動によって私の構想がとん挫するかもしれない。

だが、クーデターの裏には必ず裏切り者が出てくる。京子の計画をそのまま松永兄弟にリークした選手がいた。京子は責任を取るかたちで、全女に退団を申し入れた。

8月17日、私は全女退社を告げるために事務所に向かった。団体にいて新団体のことを話していてはケジメが付かない。退社することで私の本気度を示したかったのだ。

20歳で入社して19年8ヶ月、カメラマンのアルバイト時代も入れると20年を超える歳月を全女に捧げてきたことになる。マスコミには〝全女の顔〟のようにも称されてきただけに、一言ではいえない複雑な感情が胸に去来する。

出社するとまず、植田信治コミッショナーに退社の旨を告げた。植田さんはデイリースポーツ運動部長の頃に松永兄弟と知り合って以来、同紙が全女の後援をしてきた。全日本女子プロレスという名称は昭和30年代に愚連隊の首領であり、総会屋だった裏社会の権力者である万年東一氏が作った組織だ。

松永兄弟が旗揚げの際にその名前をもらい、万年氏は相談役として裏に控えていたが、警察からは暴力団の資金源と見なされ、地方の公共施設を使用することが難しくなった。そんな時に植田さんのいるデイリースポーツが全面バックアップする姿勢を示し、警察の圧力を解除していった経緯があった。だから松永兄弟にとって植田さんは最大の恩人だったのだ。

その後は編集局長を経て、事業社の代表となり、定年退職すると全女が迎え入れ、コミッショ

全女時代にメキシコに遠征させた井上京子（左）と山田敏代（右）。この２人が全女から真っ先に抜けることになるとは……、運命とはわからないものだ。

ナーという肩書きに加えてご意見番として社内の仕事をしていた。辞職の報告をすると「俺も12月いっぱいで辞めようと思っているけど、お前に先を越されたな」と笑いながら言った。松永兄弟はまさに昭和の良き時代に生きた豪傑だが、決して常識人ではなかった。物事がズレそうになると植田さんがいつもストップを掛けて、軌道修正に努めていた。植田さんは松永兄弟を指して、「朝令暮改」とか「メダカのような話をクジラのように表現する」と評した。

続いて松永会長に退社を申し入れた。会長は「俺はお前が辞めることは感づいていたよ……お前の態度がおかしかったからな。でも、俺にはお前を引き止める材料がない……お前なら何でもできるだろう……」と言ってくれた。

これで20年間に及ぶ全女生活と決別した。松永会長や国松さんには大変お世話になった。私の好き勝手な行動にも目をつぶってくれたし、活かしてくれた。プロレス人生の下地はどんなに長くやっていても全女で肌で感じたことが基本になっている。

私は自由を手に入れ意気揚々と部屋を出た。これからはじまる新しい世界で思い切りキャリアを活かした団体を作り上げると……。

府川由美を自宅に匿う

そして迎えた運命の8月20日、私の全女最後となる日本武道館大会。前日に自ら退社のプレス・リリースを作成。マスコミに1枚の紙を配って回る。「何が起きているんだ!?　ついに小川さんまでも……」と読んだ人は一様に驚いてくれた。

私は本部席に座り、最後の大会を第一試合から見守った。

これから起きる幾つかのサプライズを予期して……私と行動を共にするタマフカはFMWのシャーク土屋&クラッシャー前泊、平成裁恐猛毒GUREN隊と闘った。試合はワンサイドでタマフカが敗れ去ったが、試合後、マスコミに対して府川は全女退団を示唆した。玉田はヒザの手術が控えていたため、ここで明言はせず欠場しながらタイミングを見て退団していく算段だった。

第1試合前に行われた入場式では、WWWA王者だった井上京子が予告なしでフリー宣言し退団を表明。堀田祐美子を相手にした防衛戦では腕ひしぎ十字固めでギブアップし、すべてを捨てて全女から去っていった。メインはWWWA世界タッグ王者チームの三田英津子&下田美馬のラスカチョが、渡辺智子&**前川久美子**※に乱戦の末、激勝し王座を防衛。ぶ然とした表情で控室に入った2人を呼び出し、マスコミの囲み取材をセッティングするのが全女の広報として最後の仕事になった。ラスカチョの2人はどちらかと言えば落ちこぼれで劣等感の塊、北斗晶に師事していた若手時代から気になっていた選手だ。北斗の隆盛を一番身近で感じていたし、いつも怒鳴られ涙した姿を何度となく見てきた。大会後は府川を連れ去り、代官山のファミレスで新団体を夢見るメンバーと合流した。このまま府川を自宅に帰しては、全女のスタッフによって連れ戻されると感じていたから、私のマンションで匿うことにした。一旦、自宅に戻り愛犬キャンディを抱いて、府川は私の家に居候することになった。

止まらない選手の大量離脱

翌日のスポーツ紙では京子、府川のフリー宣言と全女の経営危機が大きく報じられた。すでに歯止めが利かなくなった選手たちは次々と行動を起こす。田村欣子、元気美佐恵、タニー・マウスの同期3人が9月3日に退団、タマフカの2人も9月5日付で退団が受理された。

この選手の連続離脱に松永兄弟は「去る者は追わず……」の社訓を撤回し、残った選手を直営のカラオケ・ボックスのSUN族に集めて、ひとりひとりを詰問した。泣き崩れる選手もいる中で、チャパリータASARIは「私は辞めます！」ときっぱり発言した。

このときASARIは京子派に合流を決めていた。ASARIは私にとって思い入れの強い選手のひとりだ。ASARIのためにWWWA世界スーパーライト級王座を新設し、連続10回防衛させてWWWA世界王者に挑戦させる計画も考えていた。彼女は自己愛が強くその貫き方に筋が一本通っていたし、私の好きな空中殺法を試す格好の選手だった。両親はチャキチャキの江戸っ子で、

全女時代にはスーパーライト級の王座を新設するなど、バックアップをしたチャパリータ ASARI。1996 年 11 月にはメキシコに連れていき、本場のルチャを体験させた。

よく親戚の経営するもんじゃ焼き屋に席を設けてくれたりもした。これまでの人間関係なら私は真っ先にASARIに声を掛けるところだったが、なにぶんタマフカとは合わなかったから、私は新団体へ誘うことを断念せざるを得なかったのだ。

9月13日には汐留大会で松永会長と植田コミッショナーから、大量離脱と経営再建についてマスコミ向けの発表があった。しかし、その後も選手の離脱は止むことはなく、9月21日の川崎大会をもって下田美馬、三田英津子、チャパリータASARI、**椎名由香**※、**サヤ・エンドー**※の退団が決定。京子の新団体に合流した。

全女残留組は堀田祐美子、豊田真奈美、井上貴子、渡辺智子、前川久美子、若手の**中西百重**※、**高橋奈苗**※、**脇澤美穂**※、**藤井巳幸**※……全女帝国はこの1ヶ月ですっかり規模が小さくなっていた。後に手形の不渡りが続き、事実上は倒産していたが、それでも自力での再建を目指そうとする底無しのパワーを秘めていたから驚きだ。

恩人・木暮社長が見せた男気

私の新団体設立計画の成功は、選手集めと資金調達の2つがカギを握っていた。

新団体にはタマフカの2人に加え、吉田万里子のメンバー入りが決まっていた。そこに加えてN

さんルートで、ＬＬＰＷで人気だった大向美智子が新天地を求めて合流を決断。一緒に二上美紀子※もついてくると聞いた。私は二上とまったく面識がなかったが「人数は多い方がいいでしょ？」というＮさんの言葉に従うことにした。

この夏にＪＷＰから引退していたキャンディー奥津はスポーツクラブでインストラクターの仕事をしていたが、私の新団体構想を聞いてすぐさま復帰を決意。福岡晶も積極的で、ＪＷＰを辞めてくることが公然の事実になっていた。だから話し合いの場にも顔を見せたりしたが……ＪＷＰが大田区体育館で大会を行なった夜、私の自宅に福岡を筆頭にコマンド・ボリショイ※、久住智子、本谷香奈子、宮口知子※（輝優優）らがやってきた。ここに吉田万里子やタマフカ、大向美智子が揃った風景は圧巻だったが、ボリショイがポツリとこう呟いた。

「ここにいる全員が辞めたらＪＷＰは潰れてしまいますよ……」

この一言が利いたのか、結局、ＪＷＰの現役選手は新団体に合流することはなかった。

新団体には選手だけでなく、運営していくスタッフも必要になる。

その点もすでに解決していた。まだ私が全女に在籍していたころ、現場スタッフの村山大値レフェリーと沖田佳也（ＺＥＲＯ１のオッキー沖田）が相談したいことがあると自宅を訪ねてきた。私が新団体計画を話すと、２人はすぐさま賛同してくれ、全女を退社する約束をしてくれたのだ。

何時間話しただろうか……２人の話を聞かずに私が一方的にまくし立てたから、相談事を聞かず終わってしまった。

団体の顔といえる広報には、長谷川咲恵が就いてくれることになった。長谷川は引退後、開局したばかりのサムライTVでキャスターとして再スタートを切っていたが、仕事上の相談があると私の自宅を訪れた。そのとき新団体の話をすると、長谷川は「(私の自宅にある) ひと部屋を貸してもらえますか? ここに住みながら勉強したいんです!」ときっぱり決断。いち早く、住んでいたアパートを解約して入居してきた。その頃、私の自宅には府川もいたから3人で生活を共にしていた時期があったのだ。

こうやって徐々に選手やスタッフが集まってきた。そこで団体名をみんなで決めることになったが、朝まで話し合いが続いた結果、「アルシオン」という造語を団体名とすることにした。「アルス=ARS」と「シオン=ZION」というラテン語を組み合わせ、格闘芸術を創る憧れの国という意味が込められていた。

寝技ではパンクラスのような研ぎ澄まされたテクニックを、立ち技ではルチャの華麗なる空中殺法を使いこなす、今で言う〝二刀流〟を理想とした。格闘技とルチャという両極端な闘いをミックスしたアルシオンを、私はプロレス人生の集大成にするつもりだった。あえてプロレスとは違うジャンルを想像させるため、名称は「ハイパー・ビジュアル・ファイティング」、選手は「ビジュアル・ファイター」を名乗る。また選手ごとにライセンス・ナンバーを設けることで、野球の背番

アルシオン時代の一枚。大向美智子（左）と広報として参加した長谷川咲恵（右）。2001 年 11 月には長谷川は 1 日限定で復帰、大向と闘った。

号をイメージしている。

思えば私の自宅に集合して、夢物語を熱く語っていたあの時間はかなり充実していた。これから始まるみんなの夢に向かって明日を語り合う。次は私が代表取締役となり、会社組織をつくる番だ。

スポンサー探しを約束してくれたドクター林に会った。しかし、無念にもスポンサーは集まらなかったという。私の試算では団体旗揚げのためには、2000万円の資金が必要だったが、0では話にならない。ドクター林はお詫びとして、300万円をポンと出してくれた。

当時、株式会社を登記するには資本金が1000万円必要と決まっていた。このままでは会社をつくることができない……困った私は懇意にしていたビデオ制作会社クエストの木暮優治社長に相談を持ちかけた。

「お金がなくて会社が作れません。どうしたらいいですか……?」

「誰か親しい人から借りるしか方法はないです。小川さんならたくさんいるでしょ?」

「借りるあてはまったくありません……」

私がそう答えると、木暮社長はしばらく考えてこう切り出した。

「私が個人名義で銀行から1000万円借りるので、それを使ってください。返済は軌道に乗ってからで大丈夫です。ただし次の2つを必ず守ってください。まず絶対に会社を潰さないこと、もう一つは私の名前を伏せることです」

これはすごくありがたい話だった。

木暮社長はあのＵＷＦを側面から支援し、前田日明との関係からリングスのロシア・ルートを築いてきた人だ。残念ながら木暮社長は２０１８年5月に65歳の若さで他界してしまったが、私にとって人生最大の恩人であったのは言うまでもない。

総額１５００万円超の道場を決める

木暮社長のおかげで株式会社を設立するための資本金は整った。

次は事務所を兼ねた道場を探さなくてはならない。

私は長谷川を帯同し、都内の不動産屋を片っ端から当たった。

この時代、プロレス団体は道場を構えることが第一条件だった。全女にいた頃はユニバーサル・プロレスや旗揚げ前のパンクラスに道場を貸したことがあった。選手を育成するためには道場は必須。新団体には何をおいても欠かせない施設だ。

道場が決まるまでの間、広尾にあったパンクラスの道場にお世話になることになった。パンクラスの尾崎社長とは旧知の仲。船木誠勝には「アルシオンは総合格闘技ですか？　それともプロレスですか？」と聞かれ、「プロレスですよ」と答えると「だったら上手くなることが大事ですね」と言ってくれた。白金台にあった私の自宅マンションに集合し、広尾のパンクラス道場までランニング。練習が終わるとまた自宅に集まり、ちゃんこ鍋を囲んで反省会の毎日……、そうこうしているうちに道場候補が見つかる。

江戸川区瑞江の、実に120坪もある工場跡地。おそらく10年以上は放置されていたのだろう。建物の内部はボロボロだったが、とにかくだだっ広い。2階部分には事務所と寮のスペースもあって好都合だ。

しかし、道場として使用するには1階の天井を抜かなければならないし、全体的に内装を施して、台所や風呂、トイレなどの水回り、電気系統などを取付ける必要がある。賃料が月に70万円、工事費が全部で1500万円かかるという見積もりが出てきた。

当然、私は躊躇した。手元にある資本金は、木暮社長から借りた1000万円とドクター林からの援助金300万円の合計1300万円。200万円も足りないのだ。それに、これからリングも発注しなければならない。リングは新しく作るのに2台で500万円もかかる。道場常設用と興行で使用する移動用の2つを購入しなければならないからだ。

私は悩みに悩んだが、長谷川や沖田の「お願いです、ここで決めてください!」という懇願を受け、そのやる気にかけてみることにした。

道場の改装費とリング購入費で、しめて2000万円。資金調達のため、五反田にある国民金融公庫に1000万円の融資を申し込んだ。これが問題なく通ったのは、実にラッキーだった。

1997年11月、江戸川区瑞江に道場兼事務所を開設し、真新しいリングも到着した。6つあった寮のスペースは、六畳間が3部屋、3畳間が3部屋と理想的なかたちだ。新人獲得にも力を入れなくてはならない。

アニマル浜口さんの愛娘の**浜口京子**[※]の顔が浮かんだが、私は同じ二世ならと別の名前を思い浮かべた。実はこの年の10月頃から、アルシオンにグラン浜田の四女である**浜田文子**[※]が練習生として入門していたのである。浜田さんはユニーバーサル・プロレス時代から顔見知りだったが、娘のプロレス入りに関しては慎重で、「新団体を始める資金はありますか？」と確認された。私は「資金は大丈夫です！」と言うしかない。浜田さんはまた「誰か売り出したい選手がいたら、全員で協力していかないとうまくいかないから……」とも言った。パンクラス道場での練習から参加していた文子は、非凡なセンスと強さを秘めていた正真正銘のサラブレッド。だが、まだ日本語が得意でなく、他の選手とあまりコミュニケーションが取れないので、物静かな印象を受けた。

旗揚げ前のロッシー流広報術

東京プリンスホテルでアルシオンの設立会見を行ったが、この時はコンセプトを中心に発表するに留めておいた。

席上、他団体に対し「ヘッドハンティング宣言」を発表。こうやって表立って〝引き抜き〟をアピールしたのは前代未聞だったと思う。すべての団体を敵に回してもやり遂げる覚悟を見せたのだ。具体的な参戦選手に関しては翌週以降から、毎週入団発表会見を実施し、徐々にベールを脱ぐことにした。

まず最初の週は全女から吉田万里子、玉田凛映（りえ改め）、府川唯未（由美改め）の3名が正式に入団を発表。次の週にはLLPWからヘッドハンティングした大向美智子と二上美紀子の入団も発表。このLLPWからの引き抜きは業界に波紋を呼び、全女とJWPが連名で会見をしてアルシオンを痛烈に批判した。

その間、私と吉田は渡米し、ロスにいたレジー・ベネットを訪ねていた。レジーとは全女時代から親しくしており、「アルシオンUSA」として協力を要請。レジーがサンフランシスコで面倒を見ている**ジェシカ・ソト**※を、ジェシー・ベネットと名乗らせ、姉妹での来日を計画した。吉田はこの渡米でビバリーヒルズ柔術アカデミーに出稽古し、バス・ルッテンやマルコ・ファスに習い、ヒクソン・グレイシーの道場を見学するなどして見聞を広めた。グレイシー道場ではその技術が外に出ることを嫌って、一切の撮影が禁止されていたのが印象的だった。

毎回、アルシオンの会見場として協力してくれたのは、代々木アニメーションセンターというアニメの専門学校で、学院の先生が長谷川や府川のファンだった。毎回、こちらの都合に合わせて会見場を手配してくれたし、学院の生徒を会場アルバイトに斡旋してくれたこともあった。

旗揚げ前の時期だけに毎週の会見で話題を繋いでいくことは常套手段、私の得意な分野だ。ただ会社を設立したことにより、これまで同志だった選手やスタッフが私を社長と呼び、一緒にやって行くというより向かい合う関係に変わっていった。

使う者と使われる者の感覚は１８０度違う。私は給料を支払う立場で、みんなはもらう立場。この温度差は縮まることはなく、時間が経つにつれてどんどん広がっていくのであった。

また、自分の名義で借り入れをしていたので、その返済や給与、経費の支払いが義務となった。旗揚げ前だから収入がまったくない。それでも選手たちは保障を求める。選手の生活に支障が生じるので、最低限度の支払いはしなければならない。全女の末期に経験したことが今度は自分を苦しめる。少しずつ資金を切り崩し選手には支払うことにしたが、府川などは道場が瑞江に決まる前に近くの一ノ江に引っ越してしまっていた。

メキシコで新しいコネクションを築く

旗揚げ戦は１９９８年2月18日、後楽園ホールでの大会が決定した。続いて大阪臨海スポーツセンター、博多スターレーンを旗揚げシリーズとして日程を組んだ。

営業部の責任者には沖田が就き、忙しく走り回って、小さなコネクションから徐々に輪を広げていった。アドバイザーとしてアイデアを与えてくれたNさんの父親が、かつて大手芸能プロダクションの芸映で西城秀樹の後楽園球場でのコンサートを仕切った経験があるという。この父親が沖田に営業を教えるということで、アルシオンにやってきた。

だが、芸映の営業部長はTVスポットや新聞広告を使って宣伝するのが仕事。我々のような経費を使えない弱小団体は小口でいいから、チケットをいかに手売りできるかが重要。結局、この父親は短期間で役目を終えて姿を消していった。

年初めにはキャンディー奥津が正式に復帰を発表。キャンディーの持つポテンシャルは群を抜いていたから貴重な戦力として期待した。道場のコーチはディック東郷が無償で引き受けてくれた。その教えは、「ルチャは度胸！」。旗揚げ戦を1ヶ月後に控えた1月中旬、タマフカを連れてメキシコ遠征に出発した。ここにはコーチ役のディック東郷も御礼を兼ねて帯同してもらうことにした。

CMLLの企画部長だったペオノノ・メディナに頼み、アレナ・コリセオで試合を組んでもらいタマフカはメキシコ・デビュー。実戦は5ヶ月ぶりのため、動きが悪く玉田と府川が同時にラ・マヒストラルを掛けたらリング中央で頭がぶつかり合う始末。これにはコリセオの観客からブーイングが飛び交った。

このメキシコ遠征では設立間もないウルティモ・ドラゴン率いる闘龍門との提携にこぎつけた。アレナ・ナウカルパンにある専用道場では、素顔のドラゴン・キッドがウルティモ校長の号令で場外へのケブラーダをいとも簡単にやってのけた。未だ見ぬ天才を垣間見た瞬間だ。

メキシコ滞在中、宿泊するホテルにグラン・アパッチェが訪ねてきた。何でも自分の娘たちを日本に呼んで欲しいという。早朝からヒムナシオ（ジム）に連れて行かれ、2人の娘の実戦練習を見ることになった。アパッチェは私がCMLLとの提携で選手を派遣し始めた1991年頃から何かとお世話になった同世代のアミーゴだ。3人の娘を育てながらも、教え子だったレディ・アパッチェと結婚。CMLLの中堅ルチャドールであり、ルチャのマエストロ（先生）としても多くの新人を育てていた。当時はレディ・アパッチェことサンディーは、女子の新進気鋭のエストレージャ（スター）として人気上昇中。地方巡業から早朝に帰ってきたサンディーをバス停まで迎えにきている姿を見たことがある。

そのように女系家族を支えてきたアパッチェだが、AAAに移籍してから自らもエストレージャの仲間入りを果たしていた。18歳の長女がマリエラ、17歳の次女がファビオラといい、2人ともラヴ、レディ・ベヌムというマスク・ウーマンとしてデビュー済み。美形の顔立ちでルチャの素質も充分。素顔で**マリー・アパッチェ**※と**ファビー・アパッチェ**※を名乗らせることにした。そして、旗揚げ以降の来日を約束したのだ。

メキシコの名門レスラー一族の出身、ファビー（左）とマリー（右）のアパッチェ姉妹。
父グラン・アパッチェの要望もあり、彼女たちもアルシオン所属レスラーとなった。

3章に登場するプロレス関連の用語集

《Ｐ１００》

■チャパリータASARI

１９９２年11月デビュー。学生時代に体操を経験。代名詞のスカイツイスタープレスをはじめ、高難度の空中技を披露し、スーパーライト級戦線で活躍した。全女の経営難にともない97年に退団。その後、ネオレディースに入団した後、フリーランスになり03年に引退。06年に結婚し、現在は主婦をしている。

■白鳥智香子

１９９１年10月、全日本女子プロレスにて本名の長谷川智香子でデビュー。93年夏に令嬢キャラの白鳥智香子に改名するも、翌年に腰の負傷で退団。95年に吉本女子プロレスＪd'で現役復帰したが３年で離脱。以降、フリーとして活動し01年に引退した。現在は全日本プロレスの丸山敦の妻である。

■元気美佐恵

テレビ番組『天才・たけしの元気が出るテレビ!!』の女子プロレス予備校を経て１９９４年８月に全日本女子プロレスでデビュー。長身を活かし、ダイナミックな試合を見せた。97年、慕っていた井上京子が設立したネオ・レディースに移籍。ＮＥＯ女子プロレスを経て08年12月31日に引退。現在は都内にて居酒屋を経営。

■タニー・マウス

１９９４年11月３日、全日本女子プロレスにて本名でデビュー。コミカルなファイトで人気を博す。97年、ネオ・レディースに移籍。10年12月31日にＮＥＯ女子プロレスの解散と共に引退。現在は鍼灸師として活躍中。

《Ｐ１０２》

■レジー・ベネット

アメリカ・カリフォルニア州出身。ボディビルなどで活躍し、１９８６年にハワイでプロレスデビュー。91年に日本の栄養ドリンクのＴＶＣＭに出演。「ダッダーン！　ボヨヨン、ボヨヨン」のセリフと怪演が話題を呼ぶ。争奪戦の結果、92年にＦＭＷに所属。その後、ジャパン女子→ＪＷＰと経て、94年に全女に入団。97年にはアルシオンの旗揚げにも参加。その後、フリーとして活動し、01年、豊田真奈美との試合を最後に引退した。

《Ｐ１０６》

■Ｊd'

かつて存在した女子プロレス団体。吉本女子プロレスＪd'。中国進出をにらんだ吉本興業が中心となって設立。１９９６年に六本木のディスコ・ヴェルファーレで旗揚げ戦を実施。潤沢な資金をバックに活動を続けるも、エース候補の離脱が相次ぎ苦戦。03年に吉本興業が撤退し、経営権をＪオフィスグループに譲渡。それにともない団体名がＪＤスター女子プロレスに変更になった。

■NEO

１９９７年に全女を退団した井上京子らがネオ・ジャパン・レディース・プロレスリングを設立。当初の構想では団体名は「新日本女子プロレス」とする予定だったが、新日本プロレスから物言いがついて使用できなかった。旗揚げ戦以降苦戦が続き、00年1月に解散。残された選手やスタッフは、ＮＥＯ女子プロレスとして団体を継続。堅実な興行で10年12月に解散するまで活動を続けた。

《Ｐ１１２》

■玉田りえ

１９９１年10月4日、全日本女子プロレスでデビューするも退団。93年に再デビューし、97年にアルシオンに入団。これを機にリングネームを玉田凛映に改名。03年にアルシオンを吸収合併した団体であるＡｔｏＺ所属になるが、04年に引退。

■府川由美

１９９３年11月12日に全日本女子プロレスでデビュー。2戦目で負傷し、約1年半の欠場を経て復帰。そのルックスからアイドルレスラーとして活躍をした。97年にアルシオンに移籍と同時にリングネームを府川唯未に改める。00年夏に頭部を負傷したことによって翌年に引退。現在はタレントとして活動中。夫はフリープロレスラーの田中稔。

《Ｐ１１３》

■キャンディー奥津

１９９２年8月4日、ＪＷＰ女子プロレスにてデビュー。しかし、97年8月17日に現役引退。98年2月にアルシオンの旗揚げと同時に現役復帰。覆面をかぶってタイガー・ドリームやレッド・リンクスに変身。01年1月に二度目の引退。

■福岡晶

１９８９年12月1日、ジャパン女子プロレスのリングでデビュー。優れた身体能力とそのルックスで早くからスター候補生として注目を集めた。92年にジャパン女子が解散すると、ＪＷＰの旗揚げに参加。以降、99年3月の引退まで団体を牽引するエースとして活躍。

■久住智子

１９９４年12月4日、本名の久住智子でＪＷＰでデビュー。類稀なる天才的なレスリングセンスを見せる反面、おっとりした雰囲気で独特の存在感を示す。99年2月に日向あずみに改名。団体認定の無差別級王座に4度戴冠。通算防衛15回は歴代1位。09年12月27日に引退。

■本谷香名子

１９９５年1月13日、本名の本谷香名子としてＪＷＰのリングでデビュー。そのルックスからアイドル的存在として男性ファンが多かった。99年にリングネームを美咲華奈に改めるも01年に引退。

■大向美智子

１９９２年１月11日、全日本女子プロレスのリングでデビューするも負傷で離脱。93年に旗揚げしたばかりのＬＬＰＷにて再デビュー。長身と美貌から団体の人気選手となる。97年にアルシオンに移籍。エースとして活躍するも03年に退団。以降、07年の引退までフリーランスで活動。現在は山口県在住で２児の母だが、時折、セコンドなどで会場に姿を見せる。

《Ｐ119》

■**前川久美子**

１９９１年にデビュー。極真空手の経験者で、蹴り技を主体にしたレスリングを展開。総合格闘技戦にも挑戦した。05年、浜田文子との決定戦を制し、ＷＷＷＡ世界シングル王座を獲得。全女解散時の最後のチャンピオンだった。

《Ｐ122》

■**椎名由香**

１９９２年に全日本女子プロレスでデビュー。97年にはネオ・レディースに参加するが、98年に頸椎を痛めて長期欠場に入る。その後、01年に復帰。06年まで現役を続けた。

■**サヤ・エンドー（遠藤紗矢）**

１９９４年に全日本女子プロレスでデビュー。97年にネオ・レディースの旗揚げに参加。ラスカチョに加入を直訴して認められる。02年に引退。

■**中西百重**

１９９６年デビュー。小柄ながら抜群の身体能力でトップ戦線で活躍。05年にキックボクサーの大江慎と結婚して引退。現在は４児の母。

■**高橋奈苗**

１９９６年デビュー。05年まで全日本女子プロレスに所属し、プロレスリングＳＵＮなどを経て、11年にスターダムに入団。15年に退団後はSEAdLINNNGを立ち上げ、代表を務めている。現在のリングネームは高橋奈七永。

■**脇澤美穂**

１９９６年にデビュー。納見佳容との〝ミホカヨ〟コンビで人気に。01年に引退後はお笑い芸人を志す。11年にスターダム入団してベノムアーム（アイアンクロー）を武器に活躍する。14年に引退。16年に結婚して主婦になった。

■**藤井巳幸**

１９９６年にデビュー。技量不足もあってなかなか結果が出なかったが、03年にダンプ松本に誘われて極悪同盟入り。頭をそり上げて、サソリとしてヒールターンした。09年に引退。現在は地元の三重県でトレーナーをしている。

《Ｐ123》

■**二上美紀子**

１９９０年11月1日、ジャパン女子プロレスのリングにて本名でデビュー。92年にＬＬＰＷの旗揚げに参戦。無限の技を持つ女の異名を持ち、97年にアルシオンに移籍すると、ますます業師ぶりを発揮した。07年にプロレスリングWAVEの代表に就き、団体を旗揚げ。13年12月30日に引退し、団体運営に専念。

■コマンド・ボリショイ

1991年にジャパン女子プロレスでマスクウーマンとしてデビュー。92年にJWPに入団。17年に活動停止をするまでJWP一筋を貫いた。その後、17年にPURE-Jを設立し、団体代表を務めている。

■宮口知子

1994年にJWP女子プロレスでデビュー。99年にリングネームを本名の宮口知子から輝優優（らん・ゆうゆう）に改名。02年にGAEA JAPANに移籍し、05年からはフリーに。OZアカデミーやプロレスリングWAVEなどに上がった。12年引退。

《P129》

■浜口京子

1978年1月11日生まれ。プロレスラーのアニマル浜口の長女。女子プロレスラーを目指し、14歳からレスリングを始め、04年のアテネオリンピックに日本代表として出場し銅メダルを獲得。何度もプロレス転向の噂が上がっては消えた。

■浜田文子

プロレスラー・グラン浜田の四女であり、1998年8月9日にアルシオンのリングでデビュー。スーパールーキーとして注目を集め、エースとして活躍。02年1月にアルシオンを退団後はフリーとして活動。09年にアメリカのプロレス団体TNAと契約。18年5月に覚せい剤取締法違反容疑で逮捕。

《P130》

■ジェシカ・ソト

1995年10月、アメリカでデビュー。98年2月にレジー・ベネットの妹というギミックでジェシー・ベネットとして来日し、アルシオンに定着。その後、バイオニックJというリングネームを名乗り、活躍したものの団体の解散と共に引退。

《P133》

■マリー・アパッチェ

父のプロレスラーのグラン・アパッチェのもとでトレーニングを重ね、1996年にメキシコでデビュー。98年3月に来日してアルシオンに入団。02年に帰国して休業後、07年に復帰。17年にはスターダムに来日してハイスピード王座に就く。娘のナツミも女子プロレスラーである。

■ファビー・アパッチェ

マリー・アパッチェの妹。1998年にメキシコでデビュー。98年3月に来日してアルシオンに入団。02年に帰国後はAAAで活躍。18年には姉と一緒にスターダムに登場して、元気な姿を見せた。

第四章
幻の理想郷「アルシオン」
～希望と絶望の航海の果てに……～

満員札止め、順風満帆の船出

アルシオンの旗揚げ戦を前に、国内では初の新人オーディションを開催した。全女に在籍経験がある者も受験したが、残念ながら基準に達していなかった。唯一、合格したのは当時すでに24歳だった**秋野美佳**※。沖縄でマリンスポーツのインストラクターをしていた経験もあり、運動神経は申し分ない。先に入門した浜田文子と共にアルシオンの新人が誕生した。

後楽園ホールでの旗揚げ戦のポスターでは、選手が上半身裸になり、手で胸を隠すというセミヌードを披露。このポスターはかなりインパクトがあった。

大会名は〝Virgin〟と付けたが、これは「旗揚げ＝処女航海」という意味。団体特有のお揃いのジャージを作っていないことを逆手にとって、ファッションブランド「Ｂａｄ Ｂｏｙ」から大量の衣装を提供してもらった。各選手がファッションショーのイメージで、お気に入りのカジュアルウェアを着込んで入場式を行なったのだ。新しい団体らしく発想も斬新で大胆だったと思う。

演出面では総額50万円の予算を投入し、照明を強化。これはNさんのアイデアだったが、やがて波紋を呼ぶことになる。

オール・シングルマッチで4試合。オープニングは府川唯未vsキャンディー奥津をラインナップ。

これはビジュアル重視という団体からのメッセージでもあった。府川はディック東郷からムーンサルト・プレスを習い、見事に初披露。二上美紀子vsジェシー・ベネット、玉田凛映vsレジー・ベネット、大向美智子vsアジャ・コングはいずれもサブミッションで勝負が決まる。

これにはある狙いがあった。かつてパンクラスの旗揚げ戦で〝秒殺〟でどんどん試合が決まり、ものすごい衝撃を残したことがあった。それに倣ったのだ。新聞などで結果を見たファンがどんな試合だったのか想像してしまう。新団体アルシオンは必ずサブミッションで終わる、そんな特化したイメージが欲しかった。

メインは外国人を抜いた6人タッグマッチで、府川が奥津からフォールを奪ってみせた。旗揚げ戦からいきなり1800人の札止めを記録し、好発進。タマフカは6ケ月ぶりに国内復帰戦、アルシオンは他団体と絡まない鎖国政策で始まった。

聖なる団体アルシオンで私は選手たちに「流血禁止、場外乱闘禁止」を通達した。

プロレスでは当たり前にある流血戦や場外乱闘は、それだけで観客を沸かせることができたが、だからこそあえて禁止し、頭で考えるプロレスを目指す方向性を打ち出した。

技術ありきというアルシオンのプロレスは、頭から落としたり、顔面を蹴ったりし、大技をラッシュさせる全女のプロレスを反面教師にしたものだった。90年代は肉体の削り合い、我慢比べのような心身共にタフでなければならないプロレスが主流だった。アルシオンの闘いはこれまでのプロレスへの警告であり、プロレスの進化形を描いていきたいと思ったのだ。「強い者のプロレス」ではなく、「強くなりたい者のプロレス」。それには技術の変化と進化が必要だった。

幻のアルシオン・フジテレビ中継

開局したばかりのディレクTVがライブで中継してくれたのは、クエストの木暮社長の尽力からだった。本来は制作費を含めて50万円しか予算がないところをクエストが間に入り、アルシオンには毎回100万円の放送権利金を支払う約束をしてくれたのだ。その代わりに大会のビデオはクエストに独占販売してもらった。

木暮社長はいつも私に期待してくれ、有利な条件を提示してくれた。サムライTVからも再三、中継の話をいただいたが、放送権利金は50万円。だから当初はディレクTVでの放送を選択した。アルシオンがサムライTVと契約するようになったのは、旗揚げから3年後、ようやく放送権利金100万円の提示を頂いてからだ。私の強気ビジネスはこうして結果を残した。地上波放送のように莫大な放送権利金は入らないが、CS放送では限度額いっぱいだった。

そういえば旗揚げ前には全女を中継していたフジテレビから、アルシオンも番組に入れたいという話を頂いたことがあった。プロデューサーの話では、三派にわかれた全女系のアルシオンやネオ・レディースも番組に含めたいといった意向だった。ただし、放送権利金は全女に一括して支払っているので、各団体は放送するだけだという。つまりノーギャラで放送したいというフジテレビに都合のいい内容だった。

私は検討するまでもなく、お断りした。まず同じ番組に出て行くと、どの団体だかわからなくなるし、ましてノーギャラは問題外だ。分裂した全女をテレビ的に修復しようとしたのかもしれないが、そんな簡単な理屈では統合できない。ネオ・レディースは早々と全女と対抗戦を開始したが、それは元のサヤに戻ることと同じで利用されるに過ぎない。アルシオンは信念を貫いたのである。

Nさんとの別れ

旗揚げシリーズ3戦を終えると、団体内ではひとつの騒動が持ち上がった。

Nさんが選手を集めて、「社長は大阪、博多での照明代を出してくれなかった。団体のイメージ作りのために提案したことを実行してもらえない。ならばもうアルシオンから手を引きたい……」などと訴えたのだ。

大阪や博多の会場には照明設備がないため、別に手配しなければならない。照明を手配すると、だいたい50万円以上の経費が余分にかかる計算になる。吉本女子プロレスJd'は旗揚げ後、どんな地方会場にも鮮やかな照明を設置していたが、観客は少なく明らかに経費倒れだった。それを目の当たりにしていたから旗揚げ間もない、資金が潤沢にない状況では照明に投資はできなかったのだ。ちなみにJd'は1年間で1億円の大金を浪費していた。特別な照明を組みたいならチケットを経費以上に売るか、スポンサーを捕まえるしか手段はない。右から左に資金を動かすことは無理なのだ。

この一件以降、Nさんは何かにつけ「社長は経費を渋っている……だからメジャーなことができない……」などと選手にこぼすようになった。このままでは選手に悪影響を及ぼすかもしれない。そう考えた私は、これを機会にNさんにはアルシオンから手を引いてもらうことにした。

団体内部のゴタゴタとは裏腹に、アルシオンの船出は順調だった。

1998年5月5日には川崎市体育館で初のビッグマッチ「トーナメントARS」を開催。宣伝方法の一環として号外新聞を作成し、5月1日の全日本プロレスの東京ドーム大会でごった返す水道橋駅付近で配って回った。

ところが次の日、水道橋駅から抗議の電話が入る。駅のホームに捨てられた大量の号外で、電車がストップする寸前だったというのだ。私は水道橋駅長を訪問し謝罪したが、「水道橋駅はプロ野球で稼働しているため、ゲームがない日は極端に利用者が少ない。だからプロレスで盛り上がっていくのは大いに結構……」などと逆に激励を受けた。

「トーナメントARS」は春の祭典であり、夏には「トーナメントZION」を開催。2つのトーナメントはアルシオンの年間行事になっていった。初代優勝者はレジー・ベネットを破ったキャンディー奥津。正直、旗揚げ当初は奥津と吉田万里子だけが群を抜くプロレスをやっており、他の選手は発展途上。奥津はアルシオンの顔になった。いまでたとえるなら、そのセンスは紫雷イオに近かったと言えば分かりやすいだろう。

アルシオンは〈週刊プロレス〉、〈週刊ゴング〉の2誌でも大きく扱われた。その頃から、ニュース性のある話題は〈週刊プロレス〉に与え、特写や企画ものは〈**Lady's ゴング**〉※を優先。二つの専門誌を使い分ける手法を取っていた。

スーパールーキー、衝撃のデビュー戦

期待のスーパールーキーと呼ばれた浜田文子はデビュー前から写真集やイメージ・ビデオの発売が重なり、順調に育っていく。

デビュー直前にはメキシコからアパッチェ姉妹の父であるグラン・アパッチェを招へい。文子は実父のグラン浜田に日本流の鍛えられ方をしていたので、最終仕上げとしてアパッチェがルチャのテクニックを伝授した。2人のグラン（″偉大な″の意味）が文子を支え、猛特訓を施したのだ。

文子のデビューに先駆け、同期の秋野美佳が吉田万里子を相手にデビュー戦を行った。

吉田万里子といえば全女時代はルチャ殺法を駆使してCMLLの世界女子王者にもなった選手である。しかし、アルシオン入団後は肉体改造に着手し、試合スタイルをガラリと変えてサブミッション・ファイターとして再生。〝強い〟吉田万里子像を作り上げてきた。

秋野は吉田の直弟子のようなイメージで対峙したが、とてもデビュー戦とは思えぬ度胸の良さ。鈴木みのるが〝世界一性格の悪い男〟ならば、秋野は〝世界一生意気な新人〟を売り物にした。

そして浜田文子のデビュー戦である。文子は威風堂々とした優雅なたたずまいがあり、やはりプロレスのリズムとセンスが抜群だった。相手を務めたキャンディー奥津と堂々と渡り合ったが、キャリアの差が優劣をつけた。

スーパールーキー浜田文子はデビュー2戦目となる「トーナメントZION1998」（大阪なみはやドーム）1回戦で初勝利を挙げると、2回戦で二上美紀子に逆転勝ち。決勝では吉田万里子になす術もなかったが、いきなり準優勝を勝ち取った。

試合後にバスで文子は泣いていた。吉田が何もさせずに試合を決めたから悔し涙を流していたのだ。私は文子に「試合は負けたけど、指先でプロレスを魅せていたじゃないか」と叱咤激励。「何もできなかったから、せめて指先で魅せるしかなかった」……文子は指先だけで闘っていたのだ。

この大会ではキャンディー奥津に虎の仮面を与えて、マスクウーマンに変身させたのだ。

その名は「タイガードリーム」。虎の仮面の本家である初代タイガーマスクの佐山サトル氏にラ

1998年に登場した女虎戦士「タイガードリーム」。素顔とマスクの2本立てでいくつもりだったが、体調不良による欠場が重なる中、翌年には早くもとん挫。奥津は2000年にもマスクを被り「RED LYNX（赤いヤマネコ）」になったが、そちらも長続きしなかった。

アルシオンの至宝、初代クイーン・オブ・アルシオンの座には吉田万里子が就いた。「吉田を団体のエースに」。そんな私の思惑通りの活躍を見せてくれたのだ。

イセンス料を支払い、公認を取り付けた。記者会見で初代と4代目のタイガーマスクに囲まれて、タイガードリームは誕生した。タイガーと言えば、〝虎ハンター〟が必要。かつて奥津のライバルだった**矢樹広弓**※が結婚→復帰をした矢先だったので、矢樹に対戦相手をお願いした。女子プロレスの世界で虎戦士を出現させることは、私の一つの夢だったのだ。

年末には横浜文化体育館で「トーナメントARS」優勝者のキャンディー奥津と、「トーナメントZION」優勝者の吉田万里子により、初代クイーン・オブ・アルシオン王座決定戦を行なった。

この大会は女子格闘技の祭典と銘打ち、レジー・ベネットがロシアのロジーナ・イリーナと総合格闘技で争えば、旗揚げから提携していたキックボクシングの不動館から三井綾vs中沢夏美が提供試合として行われた。私自身は女子格闘技というジャンルをアルシオン中心に回したいという野望もあった。だからキックボクシングも総合格闘技に対しても積極的だった。旗揚げから1年間走り抜けてきたアルシオンに、私はたしかな手応えを感じずにはいられなかった。

リング禍を乗り越えて

1999年は試練の年となった。観客動員が頭打ちになり、2月から給料を一括で支払うことが困難になってきた。私が全女時代に給料の遅延を経験しているだけに、この事態には悩みに悩んだ。

時には母親に連絡して支払いのために何度か100万円を用立ててもらったりもした。母親は何も聞かずにすぐさま会社の口座に振り込んでくれた。命拾いしたと同時に申し訳ない気持ちにもなったが、それでも前に進んでいくしかない。

私の実家は祖母の代から八百屋をはじめ、父親の代で店舗を増やし、多い時には3店舗を経営していた。比較的裕福な家庭だったので、私は高校、専門学校と進んだがお金を稼ぐためにアルバイトと呼べる仕事をしたことがなかった。長男が生まれて2週間で病死したためか、戸籍上は次男にあたる私に母親はとても甘かった。

売り上げを増やすために初年度は月間3～5大会だった興行数を7、8大会に増やしてみたが、その程度では焼け石に水。経理業務を委託していたMコーポレーションは、容赦なく私の給料を遅らせ、選手やスタッフを優先した。毎月の売り上げシミュレーションはことごとく狂い、自転車操業を余儀なくされていった。

そんな中、2月にアルシオン3人目の新人、**門恵美子**※がデビューした。女子プロでは珍しい大卒の新人で写真撮影を趣味にしていた。しかし、3月からはじまった九州ツアーの終盤、3月30日のアクロス福岡大会で不幸な事故が起きる。門がタッグマッチの試合中に頭を強打し、緊急開頭手術を受けることになったのだ。

選手たちを宿泊先に向かわせて、私は門が運ばれた病院で待機していた。手術はすぐさま行われたが、門の意識は戻らない。選手やスタッフは残りの九州ツアーを消化するために巡業に向かった。私はひとり博多に残り、回復を願って毎日病院に通ったが……、訃報は1週間後にもたらされた。門は手術のかいなく、急性硬膜下血腫で亡くなってしまったのだ。

門の遺体は空輸され、実家のある大阪まで運ばれた。そして慌ただしく葬儀が執り行われたと記憶している。彼女の死は、アルシオンの選手やスタッフを深く悲しませた。23歳の若さで夢半ばにして旅立ってしまった彼女のことは、決して忘れることができない。

4月14日の後楽園ホール大会は、門の追悼大会として開催された。

この大会では、またひとりの新人がデビューした。門の同期の**藤田愛**※である。

藤田は吉本興業の養成所NSC出身で、人気お笑いコンビの「次長課長」と同期にあたり、女芸人を夢見ていたという変わり種だ。

吉本女子プロレスJd'でマスク姿のセコンド役をこなし、単身メキシコに渡りアマポーラを相手にデビュー。ちょうどプロレスから離れた時期に何度かアルシオンの大阪大会に観戦に現れ再デビューを目指していたのだ。

体操経験があった藤田には、その容姿から〝ガン黒天使〟のキャッチフレーズをつけた。

藤田はキャンディー奥津と組んで、浜田文子&AKINO（秋野美佳）と対戦。奥津のアシストを得ながらも藤田はAKINOにファイヤーバード・スプラッシュを決め、デビュー戦を勝利で飾ったのだ。

文子、AKINO、藤田のアルシオンのルーキー3人は、まさにスーパールーキーそのものだった。この3人にアパッチェ姉妹を加えたカードはルチャの魅力を存分に発揮してくれた。

恒例の「トーナメントARS1999」では大向美智子が初優勝を果たした。「今年は大向を一人前に育てる」ことを念頭の目標の一つにしていたが、それを早々と成し遂げてくれたのだ。大向は長身の美人でアルシオンの象徴にしたい存在だった。試合は負け続きだが、とにかく負けん気は強い。ある時、大向との対戦を拒否したレジー・ベネットをその場で首にしたのは私の強い思いからだ。ひとりの選手を大成させるためには、多少の犠牲はやむを得ない。大向は私の描く通りに主役の座を獲得したのだ。

新しいヒロインも生まれて、結束を増したアルシオンだったが、突如、外敵が出現する。

下田美馬&三田英津子のラスカチョだ。

当初はアルシオンと同時期に旗揚げしたネオ・レディースに所属していたが、すぐさま退団。フリーとして古巣の全女やかつての師である北斗晶が参戦中のGAEA JAPANのリングに上がっていた。この2人から直々にアルシオンに出場したいと話があったのは、これまでの人間関係からしてごく自然なこと。ラスカチョ参戦に立ち上がったのが、後輩にあたるタマフカだ。ひと昔前なら商売になるはずもないラスカチョvsタマフカが、アルシオンでは人気カードに化けてしまっ

元芸人志望という特異なキャラクターだった藤田愛。明るい性格、抜群の身体能力の持ち主で、ガングロ天使の異名でファンに愛された。

たのだから面白い。

7月の後楽園ホール大会の第0試合として、ラスカチョのカードを組んだのは本戦に出すまでもないというアルシオンの思いから。こういったストーリーラインは観客を大いに刺激した。この日は新たな企画「トーナメントSKY」という女子空中戦の祭典も開催し、チャパリータASARIが待望の初出場。ラスカチョ、ASARIを導入した大会は旗揚げ戦に続き、2度目の札止めを記録した。

人気選手が揃ったアルシオンでは、グッズが大きな収入源になった。B4版のパンフレットは飛ぶように売れ、ビデオや自前のトレーディングカードも売り上げに貢献した。まだポートレートやツーショット撮影は主流ではなかったが、チケット売り上げに加えアルシオンの貴重な財源となっていた。

謎の1億円の経費

2000年のミレニアムイヤーはアルシオンにとって絶頂期だった。

大向美智子&府川唯未のナチュラル・ツインビーと、下田美馬&三田英津子のラスカチョが合体。大型ビジュアル・ユニットVIPが誕生すれば、二上美紀子改めGAMIが玉田凛映とヒール・ユ

大型ビジュアル・ユニット「VIP」。下田、三田のラスカチョーラス・オリエンタレスと府川、大向のナチュラル・ツインビーがドッキング、そこにジェシー・ベネット（ジェシカ・ソト）を招聘。バイオニックJと改名させて、ユニットに加えた。

ニットのRe:Drugを結成。デビューしたての高瀬玲奈[※]が早くも加入し、フリー参戦の矢樹広弓が合流。キャンディー奥津をリーダーとするCAZAI（キャッズアイ）では浜田文子&AKINO&藤田愛の生え抜きたちが伸び伸びした躍動を見せた。

興行面も愛知県岡崎市にある誠産業の諸岡さんが地方興行のチケット販売を一手に引き受けてくれたから、月に平均10大会を確保することができた。だいたい1大会につき100万円分のチケット売上を保障してもらう。

また三重県津市を本部としたレインボープロモーションが、優待券撒きの委託業務をしてくれていた。現在、DRAGON GATEの営業スタッフである彼らはまさにプロフェッショナル。だいたい1大会で70万円～100万円分の見返りがあった。

私はひたすら諸岡さんから指示された会場を押さえて、興行の日程を組んでいった。当時は移動に観光バスを借りて、リングの輸送は専門の配送業者に頼んでいた。各地会場の使用料も決して安くはない。収入もあったが経費もかかった。

そんなとき、会社の屋台骨を揺るがすような事実が発覚する。

当時、アルシオンでは経理業務をMコーポレーションという会社に委託していた。なにぶん、経営などよくわからないままに立ち上げた団体だ。経理のような専門的な仕事をできる者がいないため、知人のY氏が経営する会社の力を借りることにしたのだ。

Mコーポレーションは経理だけでなく、団体の営業面にも口を出した。アルシオンの立ち上げ当初、営業は沖田がチーフとして担当していた。沖田はY社長の指導を受けて、チケット販売のために巡業地を駆けまわっていた。社長は沖田が営業で失敗をすると丸刈りを命じた。沖田はついにノイローゼになり、アルシオンを辞めて姿を消してしまった。

そんな沖田が突然、私の前に姿を現したのだ。

「Mコーポレーションとは一刻も早く手を切るべきです」

沖田は必死にそう訴えた。たしかにMコーポレーションには不可解な点があった。2000年に入ってからアルシオンのチケット販売は順調だったが、会社の経営は好転しない。興行のためにまとまった売り上げが入っていたし、団体としてもっと潤っていいはずだったのに、Mコーポレーションによると、どういうわけかいつもギリギリだという。

沖田の言うように、Mコーポレーションとは手を切り、自分たちの手で経理を始めた方がいいかもしれない。

夏頃になり、私は思い切ってMコーポレーションのY社長にこう切り出した。

「これまでありがとうございました。明日から自分たちでやりますから……」

「それはいいことですね。僕たちもそれは賛成です」

Y社長は意外にもあっさりと賛同してくれた。しかし、その直後に出た言葉は思わず耳を疑うようなものだった。

「ところで、うちの会社がアルシオンから頂かなければならない未払いのお金があるんです。それを精算してもらいたいんですが……」

Y社長によると、Mコーポレーションはこれまでアルシオンの経費を立て替えており、未回収の金があるという。その金額は約1000万円。私はすぐさま未払い金の明細を出すように頼んだが……Y社長から出された明細を見て、思わず声を漏らしてしまった。

業務委託をするにあたって、Y社長は「私の事務所を自由にお使いください」と言ってくれていた。私はその言葉に甘えて、Mコーポレーションの事務所に一人分の机を置かせてもらっていたのだが、その賃料として毎月15万円が経費として計上されているではないか。また、マスコミに送るプレスリリースが一件につき3万円、専用車の代金が200万円など、何の取り決めもしていないのに数字がどんどん積み上げられている。そうして積み上がった経費は、約2年で1億円以上にもなっていた。この謎の経費を日々吸い上げられていたから、経営が好転しなかったのだ。

私は逆に架空の請求書を1000万円分作り、それを提出した。「あなたたちがやっていることは、これと同じことですよ。だから一切のお金は支払いません！」と突き付けたのだ。これには先方も「もう結構です……」と未払い金の請求を引っ込めるしかなかった。

大事な売上のすべてを他人に預けたのは間違いだった。「アルシオンを助けたいから、私たちは無報酬でいいです」という言葉を真に受けた私が甘かった。大の大人が何人も関わっているのだ。報酬が発生しないわけがない。

これでまた周りから人が消えた。

お金の臭いがするところには人が群がるもの。私はつくづく人に恵まれないと痛感した。

激動のミレニアム

2001年はかつてない激動の年だった。

開幕戦の後楽園大会で20歳の大型新人の**美幸涼**※（前田美幸）がデビュー。ラスカチョを相手に流血も辞さない健闘ぶりに無限の可能性を感じたが、数試合を経験しただけでフェイドアウト。プロになり周囲の目が厳しくなってきたことに加えて、プライベートな問題を抱えての引退だった。「文子と美幸で10年はいける！」と大きな期待を持っていただけに残念だったが、女子プロレスは精神的に強い者しか生き残れない世界。これればかりは仕方がない。

続いて、旗揚げメンバーのキャンディー奥津が体調不良により引退していった。

奥津は脳挫傷の疑いがあり、前年度から休むこともしばしば。連戦中になると必ず体調が悪くなり、欠場を繰り返した。そこで大阪にある著名な富永病院に連れて行ったのだが……、この医者は赤井英和や北斗晶も治した脳神経外科の名医だったが、結局、奥津は完治しなかった。

ちょうど同じ頃、やはり旗揚げスタッフだった長谷川咲恵が2年ぶりに現場に復帰した。花屋で働いていた経験を活かし、アルシオンの中でフラワーサービスを開始することになった。注文があると大田市場に花を買い付けに行き、花束を作ったりしたが、注文が一件しかなくても同じ作業をしなくてはならない。効率の悪い仕事だったが、とりあえず長谷川の希望を叶えることにした。やはり昔の仲間が戻ってくることは嬉しい。また3年越しの要請を経て、サムライTVと契約に合意し、夏頃からは月2回の放送も行われるようになった。

3月には府川唯未が引退セレモニーを開催。長谷川の意向で引退セレモニーを花で埋め尽くすことになった。府川は前年6月の試合中に頭部を強打し、脳に出血が確認されたため、ドクターストップを受けていた。私はせめて3周年の記念大会までアルシオンのメンバーとして在籍させておきたかったから、引退を先延ばしにさせていたのだ。

府川の引退記念大会は、アルシオン3度目の札止めを記録した。グッズの売り上げだけで、360万円を記録したのは府川人気の証しだった。コスチュームのレプリカを額に入れ、サイン色紙と合体させた記念品は一つ1万円で110個が完売。サインカードが入ったホルダーは一枚2000円で300枚も売れた。

府川は引退セレモニーの前に、吉田万里子を指名して試合を希望した。私は頭部への攻撃は認め

アルシオンの創立メンバーであり、団体を引っ張ってくれた府川唯美は 2001 年 3 月 20 日に引退。後楽園ホール満員札止め、大勢のファンに囲まれてリングを後にしたのだ。

ないという特別ルールでそれを承諾。アルシオンの聖戦と呼ばれた府川vs吉田はサブミッションの切り返し合戦となり、吉田はあえてギブアップして最後に花をもたせた。

府川は約8年間のプロレス生活に別れを告げた。控室には交際中の田中稔が顔を見せた。2人は1年後に藤波辰爾夫婦の仲人で結婚式を挙げることになる。

この引退試合の興行収益は当日の持ち帰り現金だけでも700万円を超えた。これは当時興行トラブルによって生じていた未回収金を穴埋めするのに十分な金額だった。まさに府川にアルシオンを救ってもらったような気持ちだった。

去る者がいれば、来る者もいる。春先にはラスカチョの推薦でライオネス飛鳥と出場の約束を取り付けた。地方大会中心のアルシオンにとって、看板になる選手の出場は生命線。6月の後楽園で私がアルシオンに刺激を与えるとして飛鳥を呼び込み、参戦の既成事実を作った。7月には吉田万里子と初戦を闘ったが、まるで対抗戦時代全盛期のように観客が大興奮。すごい熱量の中で飛鳥が勝ち名乗りを受けた。あんなに熱い支持を集めた試合だが、観客動員数は950人。アルシオンはそれ以来、後楽園での1000人超えが難しくなってきた。

11月には久々のビッグマッチを東京ベイNKホールで開催。この年の9月11日にニューヨークで起こった同時多発テロの寄付金を募るために、アメリカからデビー・マレンコを来日させる。パートナーだった長谷川は「アルシオンのためになるなら」と一夜復活を実現させ、弟子の大向美智子と肌を交えた。

メインではクイーン王者の浜田文子にライオネス飛鳥が挑戦。古巣の全女から豊田真奈美を借りて、吉田万里子が迎え撃った。大会はサムライTV初の生中継となり、鈴木みのるが解説席に座った。オープニングの入場式では引退した府川に、国家斉唱を歌ってもらった。ビッグマッチに府川も参加して欲しかったからだ。

生え抜きエースの離脱

2002年。クイーン王座から転落した文子が、年末から母親のいるメキシコに里帰りをしていたが、帰国が遅れ年始のファン・イベントに間に合わなかったことが波紋を呼んだ。文子はマイペースなメキシカン・スタイルだったから、日本式の上下関係は苦手だった。だから、いつも新人の**山縣優**※とばかりつるんでいて他の選手から浮いていたのは事実。開幕戦のディファ有明に姿を見せた文子は突然、「アルシオンを辞めたい」と言い出したのだ。

話を聞くと、団体内に文子のことを誹謗中傷する選手がいるという。以前、文子はAKINOと反りが合わず、やはり辞めたいと言ってきたことがある。たしか、愛知県豊橋市の会場で、スカイ・ハイ・オブ・アルシオン王座を争うタイトルマッチを控えていたときのことだ。どうしても辞めると言うから私は「だったらＡＫＩＮＯを辞めさせようか？」と聞くと、「いや、そういうことではないから……」と否定した。

そうして行われた文子とＡＫＩＮＯの試合は、まるで総合格闘技戦のようだった。強烈な打撃や関節技の応酬が続いたので、場内は静まり返ってしまった。ＡＫＩＮＯは打撃で足を痛めながらも、場外にトペを放ったが、ロープに足を引っかけて自滅。すると、その瞬間、文子が思わず「バカ！」と叫んでしまった。ケンカをしていても、やはりプロ同士。ＡＫＩＮＯの技をしっかり受けたかったのだろう。同期は一番のライバルであり、敵であるが、やはり一番の仲間でもあるのだ。

さて、話を戻そう。試合開始前に辞めたいなどと言い出した文子だったが、開幕戦の有明大会は何事もなく終了した。

事態が動いたのは、その後である。元ユニバーサル・プロレスリング代表の新間寿恒氏から、私のもとに連絡が入ったのだ。新間氏は文子の代理人として話がしたいという。

豊島区南長崎のファミレスで新間氏と会って話し合いを行った。新間氏いわく、文子は昨年11月のＮＫホール大会の時にはもうＳＯＳを発していたというのだ。文子の意思は固かった。次の後楽園大会の試合後には、アルシオン退団を表明せざるを得ない状況になっていた。

スーパールーキーとして大々的に売り出してから、頂点に駆け上がるまでわずか3年……。他の選手を切り文子を残すという選択肢もあったが、私は文子よりも他の大勢のメンバーを取ることを選んだ。アルシオンを継続させていくのであれば、一人の選手にだけかまけていることはできない。年明け早々に生え抜きエースが離脱。「これでやっていけるのか……いや、やっていくしかない」と私は自問自答の日々を過ごした。

禁断の〝麻薬〟に手を出す

この穴埋めをするには新しい血の導入が必要だ。

私は全女の今井さんに連絡を取り、禁断の対抗戦に足を踏み入れる決断をする。

今井さんは私の後釜として、リングアナからフロント入り。渉外担当としてマッチメイクも任されていた。全女の経営難は相変わらずで、今井さんは早朝から豆腐屋でバイトをしながら全女で働き、家族を養っていたという。

私はＡＫＩＮＯや藤田愛の新世代と、全女の中西百恵らの世代との対抗戦を希望した。今井さんは快く了承してくれ、若い世代の対抗戦が始まった。2月の後楽園では私がマイクを取り、サプライズ的に次回のビッグマッチを有明コロシアムで行うと発表した。当初は大田区体育館での全女との全面対抗戦を計画していたのだが、営業担当者の小山栄二が大田区体育館の抽選日に寝坊して遅刻。すでに全女のスケジュールは押さえていたから、是が非でも何処かの会場を決めなくてはならない。

「有明コロシアムなら空いていますが……」という小山の言葉に、「ディファ有明が満員にならないのに、有明コロシアムなんて無理に決まってるじゃないか！」と怒鳴ってしまった。その日は練習生で事務員の仕事をしていた練習生の債務整理のため、弁護士事務所に向かっていたが……私は小山の「会場費は全面を使わなければ200万円くらいですが……」という言葉を思い出し、今度は「急いで有明コロシアムを押さえろ！」と命じたのだ。

ひょうたんから駒なのか、突如決まった有明コロシアム大会。ここではAKINO vs中西百重、藤田愛vs**納見佳容**※のカードを考え、玉田凛映vs前川久美子、バイオニックJvs渡辺智子との全面対抗戦を計画した。

すると今井さんがこんなことを言い出した。

「小川さんは出ないのですか？」

そもそも私はレスラーではないのだから、出るわけがない。

しかし、今井さんは異様な執念で私をリングに引っ張りこもうとする。堀田祐美子を使い、私が1997年にぶんか社から出版した『女子プロレス崩壊危機一髪』を持ち出し、暴露本だと痛烈批判。ディファ有明大会では山縣優を拉致すると、チェーンで首を締めながら聖なるリングに土足で踏み込んできた。

私がそれを止めようとすると、堀田はチェーンで私の額を殴りつける。幸い流血までには至らなかったが、バックステージは大混乱。私は「無抵抗な素人を流血させることもできない、中途半端なヤツ！」と堀田を挑発した。

と、ここまでは大会PRの延長線上でのこと。私としてはリングに上がるつもりなどまったくなかったが、大会前の最後の会見で「吉田万里子&GAMI vs堀田祐美子&高橋奈苗」を発表したときに、堀田が私めがけて襲い掛かってきた。これはおそらく今井さんの差し金である。今井さんの巧妙な仕掛けで、私は思わず「やってやるよ！」と叫ばざるを得なくなってしまったのだ。

ロッシー小川、リングに立つ

2002年5月12日、有明コロシアム。私のプロレスデビューが決まってしまった。吉田万里子&GAMI with ロッシー小川となった。発表したのだから、この試合も煽らなくてはならない。日刊スポーツは私の特訓風景を取材し、紙面に掲載。まだネットニュースが盛んでない時代だから、新聞や雑誌の影響力は強い。決戦の日、私は白いタキシードに白いタイガーマスクを被り、ライセンスナンバーは1000（ミル）を名乗る。

試合直前にはイスで頭をやられることを想定して、受け方を選手に聞いて回った。ある者は「首を引いて受けたらいい」と言い、またある者からは「自分から頭をイスに突っ込んだ方がいい」と180度違うアドバイスを聞き、ワケが分からなくなる。

そうこうしているうちに、試合が始まった。

リングに上がるとアドレナリンが出ると聞いていたが、恥ずかしいものは恥ずかしい。セコンドにつきながら、時折試合に乱入するのが私の役目。しかし、堀田はそんな私を執拗に狙い、3度もパイプ椅子で殴打してきたのだからたまらない。私はたちまち出血して、白いタキシードが真っ赤に染まる。このタキシードは自分の結婚披露宴で着用した、いわば因縁の一着。血で真っ赤に染まるのは、想定の範囲内のことだ。

私は流血後、一時的に通路に避難して次の出番を虎視眈々と狙った。そしてリングに戻ると一瞬の隙をつき、堀田からスクールボーイで3カウントを奪った。場内にロッシーコールが飛び交う。アルシオン軍の勝利だ。この時、私は45歳、まだ身体もキレキレに動いていた。私のプロレスデビューを〈週刊プロレス〉はカラーで2ページにもわたって取り上げてくれたのはいい思い出だ。

この日、藤田愛が納見佳容を破り空位のWWWA世界スーパー・ライト級王者となり、AKINOは好勝負の末に中西百重に敗北。メインは大向美智子がライオネス飛鳥を破り、悲願のクイーン・オブ・アルシオン王座を奪取した。大向は長らく体調を崩しており、飛鳥はカードの変更を申し出たが、私は最後のチャンスだとして決して譲らなかった。

手加減なしの容赦ない攻撃

特製マスクとタキシードでリングイン（上）

堀田のパイプ椅子攻撃で大流血。純白のタキシードが血に染まった！

大会には松永会長もきていたが、なかなか帰る様子がない。なんでも全女のギャラを現金で回収にきたという。そういえば全女とはギャラの話はしていなかった。

全女には8選手を出してもらっていた。

「ギャラは100万円。いま持ち帰りたい」

松永会長はそう言って譲らない。私がギャラの値下げを要求すると、「今度、お前のところの選手が出た場合は、同じギャラを払うから」と言う。全女がアルシオンの選手を8人も借りることなんてあり得ない話だ。松永会長はいつまでも帰らないから、半分の50万円を支払い、残金は月末に支払う約束をした。その後、玉田凛映が全女の「ジャパン・グランプリ」に出場することになったが、何試合しても一向にギャラが支払われる様子がない。最終的には有明大会の残りのギャラと相殺となってしまった。

幻の女子プロレス・サミット

ちょうど同じ頃、LLPWの神取忍から「一緒に何か面白いことしない?」と誘われた。目黒にあるカラオケ・ボックスで密談を持った。私は「どうせなら女子プロレスの業界全体を巻き込んで何かをやろう!」と提案、そうして各団体のフロントが結集した。この集まりがやがて〝女子プロレス・サミット〟と呼ばれるようになった。全女からは今井渉外担当、ＪＷＰから選手代表のコマンド・ボリショイ、ＮＥＯから**甲田哲也社長**※、ＬＬＰＷから神取忍と風間ルミ、Ｊd'からは高瀬広報と主要団体のフロントが顔を揃えたが、ＧＡＥＡは不参加を主張。理由を尋ねると杉山代表から「最初に相談してくれたら賛同できたけど、あえて不参加を貫きたい」と言われた。

毎回、目黒雅叙園に集まってディスカッションをした。どうしたらまた女子プロレスが盛り上がるのかというテーマを掲げて話し合う。無料で女子プロレス祭りのようなイベントを開催して多くのファンに見てもらおう、そんな内容で盛り上がった。各団体が候補地のアイデアを出し、意見調整を終えた矢先、全女が突然不参加を申し出た。
「会社で話したら、無料イベントに協力するなんてもってのほかと言われてしまった。だから協力はできない」

今井さんは申し訳なさそうに、それが松永家の総意だと言った。「また今井がロクでもない話をしている」なんてことまで言われたそうだ。

全女不参加で足並みが狂い、無料イベントの企画は暗礁に乗り上げた。月に一回の定例会議は半年あまりは続いたであろう。ならば２００３年5月に横浜アリーナで予定している全女の創立35周年大会には「ここにいる各団体はみんなでボイコットしよう！」と威勢よく同意を求めたものだ。

こうやって女子プロレス・サミットはあえなく頓挫した。そもそも持ち出しの無料イベントは、無謀な計画だったかもしれない。団体によってはどうにかして日銭が入るかを考えていたから、利益はあとから還元されるという話には乗れなかったと思う。

失われていく神通力

禁断の対抗戦に踏み切り、内容的には成功に終わった有明大会だったが、アルシオンの隆盛はここまでだった。

きっかけはスポンサー料の未払いだ。有明大会でリングキャンパスにロゴを入れたあるジュエリー会社が、約束のスポンサー料を払わなかったのである。その額、年間契約で250万円。それを有明大会後の支払いの当てにしていたから、非常に困ったことになってきた。私は大会後の北海道巡業には同行せず、東京に残って金策に奔走した。

2002年5月の月末から支払いに追われる地獄の日々が始まった。

私はクイーン王者になった大向をGM（ゼネラルマネージャー）に任命した。経営が悪化する中、選手の代表として、私と選手たちとの間で中和剤のような役目を果たしてくれることを期待してのことだ。試合会場にいく際は、大向はいつも私の運転する車に同乗し、選手たちの情報を伝えてくれた。夏頃には給料の全額支払いが困難になってきた。だから外国人の飛行機代に私が貯めていたマイレージを使ったこともある。また、ギャラが高かったフリーのラスカチョは使えなくなり、ライオネス飛鳥にも撤退してもらうしかなかった。

年末から私は資金繰りのため、あちこちに出向き、必死に金を集めて回った。そんなとき、ある人を介して、団体に投資をする見返りに会社の実権を譲るという話が持ち込まれたこともあった。だが、それはあまりに危険な話だったので、私は踏み切ることはできなかった。

よく金の切れ目は、縁の切れ目などという。実際、組織というものは支払いが順調な時は統制が取れているが、支払いが遅れ出すと途端に歯車が狂い出す。経営が苦しくなるにつれて、私の選手やスタッフに対する神通力が日に日に失われていくのを感じた。

年が明けても状況はまったく好転せず、むしろ悪化の一途をたどった。

2003年には北沢タウンホールで初めて興行をしたが、キャパ250人足らずの会場に100人しか入らなかった。この時、「東京での動員力がかなり落ちている。これはもう限界かも……」と感じるようになった。興行が失敗すれば、ジリ貧になっていくばかりだ。

そんな中、GMの大向美智子が2月の5周年大会を機にフリーになることが決まった。

大向はアルシオン愛に溢れた選手だったが、給料の未払いがかさんでもう限界にきていた。大向には申し訳ないという思いがあったが、経済的に追い詰められた状態の私には、もはや何をしてやることもできない。

そんなとき、あの**阿部四郎**※の実弟である阿部五郎から話があった。何でも千葉で興行をやりたがっている人がいるから会って欲しいという。

阿部五郎は全女の興行を手伝っていたことがあるが、私は直接仕事のやり取りをしたことはなかった。千葉市まで出向いて話を聞くと、同席した人物が女子の新団体を作りたいという。そこで紹介されたのが、後年、女子プロレス団体「**REINA**」※のオーナーになるS氏だった。

S氏はアルシオンの興行を買いながら、新団体設立の準備をしたいと語った。阿部五郎の口利きで全女から堀田祐美子を引き抜き、フリーで活動中の下田美馬をドッキングさせて新団体を作る。そんな青写真を描いていたようだった。

S氏は資金が潤沢にあることをアピールするつもりなのか、千葉市の事務所を訪れるたびに豪遊してみせた。韓国クラブを何軒もハシゴし、ボトルを次々に入れてお金をばら撒く。こんな生活を毎日しているという。当時、S氏はフィリピンから女性を入国させ、それを各地のフィリピンパブにブッキングする、いわゆる呼び屋をしていた。

ある話し合いの際、思い切って私はS氏にアルシオンの買収を持ちかけた。アルシオンはもう借金で身動きがとれなくなっている。団体と選手を救うには、他に手はないと思ったのである。

買収にあたって、私はS氏に2つの条件を提示した。

ひとつは、アルシオンの選手たちに今までと同様の給料を支払うこと。

もうひとつは、アルシオンの借金を肩代わりすること。

S氏はすぐさまOKしてくれた。私の夢と理想を体現したアルシオンは、こうして私の手を離れていった。だが、このときは寂しさよりも、支払いの苦労から逃れられる安堵感の方が大きかった。当時の私にとってこの買収話は藁にもすがるような思いだった。それだけ追い詰められていたということだろう。

アルシオンは一度解散し、選手はS氏がオーナーを務める新団体へと移籍することになった。新団体には当初の構想通り、阿部五郎の誘いで堀田軍団が参加。全女を欠場していた※**西尾美香**や、Jd'の※**阿部幸江**、1年前に全女を辞めていた※**北上知恵美**も加わった。

今回の新団体の設立には全女のグッズ業者で、主にツーショット販売をしていたKさんが裏で深く関わっていた。Kさんはグッズ業者として各団体に出入りしていたから選手と親しくしており、引き抜きに大きく関与したのだ。

4月のある日、新団体の大筋が決まったので、アルシオンと堀田軍団の顔合わせを行うことになった。場所は当時私が住んでいた白金台のマンション。選手たちを集めて、「これからこのメンバーで一緒にやって行く」と告げた。選手たちは表向きは納得した様子だったが、アルシオンの所属選手の中には新団体への移行を阻止しようと動く者もいたらしい。

この顔合わせの後、選手たちは新団体設立に向けて動き出した。

まず堀田が全女の35周年大会が行われた横浜アリーナで、退団を表明する。全女の関係者にとっては寝耳に水。阿部幸江もJd'の後楽園大会で一方的に退団を宣言。こちらで用意したバンで会場から姿を消した。このようにプロレス界の秩序を乱す行為の中で、新団体は動き出したのである。

最後に魅せた〝理想のプロレス〟

アルシオン最後の聖戦は5月にディファ有明で行った吉田万里子vs藤井惠の異色対決だった。藤井はフジメグの愛称で知られサンボの世界王者という実力者で、後年は女子総合格闘技の第一人者として活躍。現在ではＲＩＺＩＮのＴＶ解説者を務めている。

この試合は格闘家にプロレスをやらせるという意図に、フジメグが乗ってくれて実現。フジメグのプロレスは研ぎ澄まされたミラクル・テクニックのオンパレード。腕ひしぎ十字固めの入り方は抜群で、未知なる技術を次々に公開してくれた。試合は逆さ押さえ込みという典型的なプロレス技で吉田が勝利したが、アルシオンの最終回で最高の名勝負を見せてくれた。

アルシオンはなくなる。だが、アルシオンを作った意義は確かにあったのだ。私はこの試合を見て、そう強く思った。最後に私の表現したかったプロレスを作り上げることができた。私のアルシオンはこれで完結したのだ。

アルシオンの最後に、私が理想とするプロレスを見せてくれた、女子総合格闘技の第一人者、藤井恵（右）。後年、風花と再会したときの一枚だ。

大会後、堀田軍団が殴り込みをかけてきた。アルシオンと全面対抗戦をして、敗れた方がその看板を降ろすという過酷なルール。6月の後楽園大会ではアルシオンvsZ－SPIRITS（堀田軍団）の覇権を賭けた対抗戦が行われた。玉田凛映が阿部幸江に勝ってアルシオンが先勝したが、続くタッグマッチでは堀田祐美子&西尾美香が、AKINO&藤田愛に完勝。最後はクイーン王座を賭けて吉田万里子vs下田美馬が敢行され、吉田は敗れ去った。リングに上がった私は敗北を認め、その場から去って行く。この瞬間に、アルシオンはその5年4ヶ月の団体活動に終止符が打たれた。

アルシオンは我々の追い求めた理想郷だった。

だが、団体を運営する中では、経営の難しさや選手間の人間トラブルなど、この仕事の難しい面ばかりを体験させられた。それもこれも、私の認識の甘さから起こったことだ。

私は無念さでいっぱいだったが、これが賢明な選択だと思うしかなかった。

控室に行くとAKINOが泣きながらこう叫んだ。

「堀田さんのパイルドライバーで藤田は大怪我をさせられるところだった。あんなプロレスができない人たちとはやっていきたくない。どうにかならないんですか！」

堀田は不器用な選手だが、故意に怪我をさせるタイプではない。ただあまりにも下手で荒っぽかったのだ。

4章に登場するプロレス関連の用語集

《P140》
■秋野美佳
現：AKINO。98年7月、アルシオンのリングでデビュー。スポーツインストラクターで培った運動能力で、瞬く間にトップクラス入り。アルシオンの活動停止後はAtoZ、M's Styleを経てフリーへ。現在はOZアカデミーに所属。

《P145》
■Ladys'ゴング
女子プロレス専門誌。95年12月に〈週刊ゴング〉の別冊として刊行開始。硬軟取り混ぜた誌面が支持されるも、発行元のトラブルに巻き込まれ07年3月に廃刊。

《P149》
■矢樹広弓
1994年1月9日、JWPでデビュー。小柄ながら柔道で培った技術で〝女子プロレス界のYAWARAちゃん〟と注目を集めた。97年3月に結婚のため引退。しかし、その1年半後に復帰し、フリーとしてさまざまなリングに上がる。

《P150》
■門恵美子
1999年2月にアルシオンのリングでデビュー。本文中にもあるように同年3月31日にリング上でのアクシデントから死去。23歳の若さだった。

《P151》
■藤田愛
単身メキシコに渡り、現地でデビュー後、1999年4月14日にアルシオンのリングで日本デビュー。華麗な空中殺法とそのルックスからガングロ天使のキャッチフレーズで人気者になる。04年4月10日、自身の興行で引退。その後、一時期はタレントとして活動していた。

《P156》
■高瀬玲奈
2000年3月15日、アルシオンのリングで本名の高瀬玲奈としてデビュー。その後、AtoZに移籍するものの05年よりフリーランスに。これを機にマスクウーマンの闘獣牙Leonに改名。07年にJWPに移籍して、そのままPURE-Jにスライド。団体の道場長でもある。

《P159》
■美幸涼
デビュー前から、その長身とルックスで注目され、01年1月5日にデビュー。しかし、わずか数戦を行っただけで無断欠場を続け、一方的に団体からの離脱を表明。その後は男子団体のDDTで復帰するも03年に引退していった。

《P163》
■山縣優
2000年12月3日アルシオンの第3期

新人選手としてデビュー。しかし、02年4月に素行不良を理由に解雇。その後、KAIENTAI DOJOの所属となり、現在はフリーランス。

《P166》
■納見佳容
95年に全女でデビュー。一度は退団するも、97年に復帰。脇澤美穂とのアイドルタッグ、ミホカヨで活躍した。

《P171》
■甲田哲也社長
大学卒業後に一般企業を経て99年、ネオ・レディースにスタッフとして入社。団体崩壊後はNEO代表に就任。10年末のNEO解散後もプロレス業界にかかわり、現在はDDTプロレスリングが創立した東京女子プロレスの事業部長として活躍。

《P174》
■阿部四郎
元々はプロモーターとして全日本女子プロレスにかかわる。1970年代にレフェリーを兼任して80年代中盤に極悪同盟寄りのレフェリングでヒートを買い有名に。17年4月25日、肺炎により死去。

■REINA
2011年1月に第一回目の興行を開催。世界各国から女子プロレスラーを招聘し、国際色豊かな大会となる。何度かの組織替えやリニューアルを行い、18年末現在は第4次REINA女子プロレスとして活動。運営は83年に派遣業者として設立されたレイナ・コーポレーション。

《P175》
■西尾美香
2000年9月30日に全日本女子プロレスのリングでデビュー。長身と整ったルックスで男性ファンを中心に人気者になる。03年にメジャー女子プロレスAtoZに移籍。06年にフリーになり、4月の試合で負傷。選手としてはリタイアするもののOZアカデミーではマネージャーとして活躍。16年3月にセレモニーを行い、正式に引退をした。

■阿部幸江
1996年4月14日、吉本女子プロレスJd'のリングでデビュー。"貧乳アイドルレスラー"という独自のポジションを築き、CDデビューも果たす。団体所属末期はヒールレスラーとしても活動。03年、突如、退団を表明し、堀田祐美子とのラインでAtoZへ。06年、JWPに入団。2014年8月に引退。

■北上知恵美
2001年9月23日、全日本女子プロレスのリングにて本名でデビュー。しかし、翌年に退団。03年7月にAtoZの旗揚げに伴い復帰。リングネームを未来と改める。05年3月よりフリーとなるが、同年9月に自宅浴槽での事故により死去。22歳という若さだった。

第五章
ロッシー小川暗黒時代
～私はいかにして車上生活から復活したか？～

自宅マンションを差し押さえで失う

アルシオンとZ－SPIRITS（堀田軍団）が合体した新団体は「メジャー女子プロレスAtoZ」と私が名付けた。Aは「ARSION」のAであり、Zは「Z－SPIRITS（全女魂）」のZだ。アルシオンから全女まで、すべてを網羅した女子プロレスを示したかった。東京ドームを借りての記者会見、私は会場の外で待機した。アルシオンという団体を潰した私が公の場に出ることははばかられたのだ。

道場もAtoZに明け渡し、私には何もなくなった。

AtoZは川崎市体育館で旗揚げ戦を開催し、元アルシオンvsZ－SPIRITの対抗戦を中心にカードが決まった。私はオーナーの依頼でアメリカから**エイプリル・ハンター**※と**アリソン・デンジャー**※を招へい。ロスに住んでいた故ポール徳永のブッキングでだ。

アルシオン最後の練習生としてテストに合格していた浦井佳奈子（**華名**※＝現ASUKA）が大阪から入寮のために上京してきた。私は瑞江駅まで迎えに行くと、もうアルシオンは存在せず、新団体ができたことを伝えた。彼女は事態がよくわかっていない様子だったが、すんなり新生活に馴染んでいった。デザイン会社で働いていた華名は1年後にデビューすることになる。

白金台の自宅マンションはローンの支払いが困難になり、5ヶ月以上滞納。物件は差し押えられ、競売にかけられるところまできた。7年間住んでアルシオン時代を過ごしたマンション。毎年暮れには選手が集まり、忘年会を開いていたのが懐かしい限り。飲み続ける者、酔い潰れる者、ここでは選手の様々な顔を見てきた。長い休みにはよくアパッチェ姉妹が泊まりにきていた場所だ。そこを手放す無念さ、感傷に浸る間も無く立ち退かなければならない。

とりあえず引っ越し代だけは確保して、台東区根岸の3LDKのマンションを借りることになった。しかし、家賃を支払うあてがない。そこでKさんに頼み、事務所兼任の住まいとして家賃の支払いをお願いした。KさんはAtoZのグッズ製作と販売の権利をオーナーのSさんから得ていた。私はその業務も手伝うことで、何とか住まいにありつけたのだ。

ここにはアルシオンの社員で新団体でリングアナと広報を務める大場健一と、Kさんの会社に属することになった小山栄二も一緒に住むことになった。15歳も離れた元アルシオンのスタッフとの共同生活。アルシオンではほとんど話をすることもなかったが、この時は毎日本当によく話をした。

2人はアルシオン時代のことをよく話してくれたが、チケット販売を任せていたスタッフが売上を横領していたことを初めて聞いた。なぜ今頃、そんなに重要な話をするのか……アルシオンの事務所は瑞江にあったが、私はあまり行かなかった。だからか瑞江の事務所ではいろいろな出来事があったという。対等に近い立場になったことで話しやすくなったのか、瑞江の事務所で起こっていたあんな事やこんな事を暴露してきたのだ。

レフェリーだった村山は新団体から外され、沖田のいるZERO-ONEに流れて行った。一時は復帰した長谷川咲恵は沖田とめでたく結婚していく。いつか沖田が事務所に現れ「咲恵さんと結婚させてください！」と言ってきた。私は「俺は親ではないし、それについて駄目だという権利はないから」と話したことを覚えている。アルシオンのメンバーはバラバラになっていった。

ヤクザに追われて千葉に逃亡

アルシオンで使っていた瑞江の事務所は、そのままAtoZの事務所となったが、私が行くことはなかった。私はやることがないので、夜な夜な、竜泉にあったKさんのマンションに入り浸った。そこで麻雀三昧の生活を送って、気分を紛らわせていたのだ。

そんなとき、ヤクザが私を訪ねてきた。なんでもアルシオンの某選手に未払いのギャラの回収を頼まれた某事務所の人間が、ヤクザを使って私を探しているらしい。

私は東京を離れて、千葉にあるSさん所有のアパートに身を隠した。

いつヤクザがやってくるかわからない、不安な日々。だが、こうして逃げ回っていては、らちが明かない。私は意を決して、追い込みをかけているヤクザに電話をした。電話口で私は自らの置かれている状況を言葉を尽くして説明した。ヤクザは私の状況を理解したのか、その後、姿を現すことはなかった。

ちょうど同じ頃、警察の取り調べを受けたこともあった。

数日前のＡｔｏＺの後楽園大会で、阿部五郎がダフ行為で検挙された。警察での取り調べで、阿部五郎がＫさんに頼まれてダフ行為をしていたと供述してしまう。

私が根岸の事務所にいると、私服刑事がＫさんを訪ねてきた。留守にしていると告げると、帰ってくるまで待たせてもらうと言い出した。夕方、Ｋさんが事務所に戻ると私服刑事が四方から10人くらい現れ、あっという間にＫさんを連行していった。そして、私も関係者のひとりとして、根岸署で人生初の取り調べを受けたのだ。

約3時間、ダフ屋の一件を探られたが身に覚えがない。ＴＶドラマで見るシーンを体験したが、その後、別日に三田署でも再度、取り調べをされた。

Ｋさんは迷惑防止条例違反で拘留された。ダフ行為とは無関係だったが、容疑者となったＫさんはそれから10日後、留置所生活に耐えられなくなり犯行を認めてしまう。自供すれば前科がついてしまうが、拘禁生活から解放されたい一心で認めてしまったという。俗に言う冤罪だが、2人の証言者がいれば犯罪として認定されてしまう怖さを知った。日本の警官はたしかに優秀だが、こんな巻き込まれ方だってあると認識した。

最初からボロボロだったＡｔｏＺ

ＡｔｏＺはオーナーのＳさんが堀田祐美子を代表取締役とし、下田美馬と吉田万里子を取締役にし、実際にこの３人に経営と運営をやらせていた。

支払い日になるとキャリアの浅い者から順に給料を払っていくから、いつも３人は後回し。要するに毎月、売上が足りないのだ。

不足分はＳさんが毎月１００万円、２００万円と補てんしていたが、支払いは求められるものの、Ｓさんはマッチメイクや選手起用についてはロを挟めなかった。Ｓさんにしてみればそんな状況は面白くない。Ｓさんはそもそもプロレスの仕組みをいじりたくてオーナーになったのだから、だんだん堀田たちとの間に溝が生じるようになる。

そんなある時、ＳさんがＡｔｏＺの運営資金を補てんするために、堀田名義で消費者金融から１００万円を借りたから大問題になった。借金の存在を知った堀田が、Ｓさんに取締役から外れたいと申し出た。団体内部はスタート直後からボロボロだったのだ。

そうしたゴタゴタの影響もあってか、アルシオンから合流した選手が一人ずつ退団していく。やはりアルシオンと堀田軍団は水と油。プロレス観が合わなかった。中西百重がフリーで参戦したものの、元アルシオン勢の大半は旗揚げから半年以内に姿を消していった。

だが、ＡｔｏＺには西尾美香、未来（北上知恵美改め）、華名に加え、練習生の※**栗原あゆみ**などダイヤモンドの原石がひしめいていた。大型ビジュアル戦士の西尾には〝ザ・ファイナリスト〟というキャッチフレーズを付けた。未来は私がプロデュースした若手のトーナメントで優勝したことにより、Diamond Jr-5王者に認定した。この大会には※**木村響子**、※**松尾永遠**、※**竹迫望美**、※**「昭和」子**らが出場した。だが、そうした若手の活躍もＡｔｏＺを救うまでにはいかない。団体の経営は一向に改善せず、根岸のマンションは解約され、私たちは瑞江の道場に寝泊まりすることになった。

まさか自分が道場に住む日がくるとは……。しかし、背に腹は代えられない。プライドなど捨て去るしかなかった。道場には未来や華名も住んでいた。私はよく華名の話し相手になったが、彼女はいつも試合後に泣いていた。下田美馬に怒られ、落ち込む日が続いていたのだ。華名は闘志あふれるファイトで無鉄砲な選手。人気が高く、ＡｔｏＺの希望の光だった。

ＪＤスターとの合弁

２００４年から２００５年にかけてＡｔｏＺは、何でもありのプロレスで評価を得ていた。下田美馬はＡｔｏＺが旗揚げするとすぐに有明コロシアムで引退し、エージェントの役割をさせていたが1年後に復帰する。その頃にはSさんが手を引いていたため、AtoZの運営は実質的にKさんが担っていた。

Kさんは後楽園大会からの撤退を決めると、道場マッチをビッグマッチ仕様にして経費節減を敢行した。選手は1試合ごとのギャラ制になったが、全額は支払わず、常に数試合分は保留していた。これは途中で退団したら残金は支払わないという策でもあったが、そのせいで選手の間には常に不満が充満していた。

請求書がきても支払いを渋り、相手がクレームを付けようものならば逆ギレ。請求は早く、支払いは遅くというのがスタンス。K氏はJd'がJDスターと名称を改め、新オーナーについた一丸秀信氏に潤沢な資金があることを知ると、近づいて提携話を進めていった。

JDスターは竹石辰也が運営を仕切り、「所属選手が10名以上いないと団体とは呼べない、だからうちは団体ではなく興行をするプロモーションだ！」と妙に強気でいた。

ちょうどこの頃、全女とGAEAが時を同じくして解散を発表。全女の場合は税金の支払いを滞納し、国税が入ったため仕方なく店じまい。最後の社長だった松永国松さんは責任を感じて、自殺してしまった。マンションの7階から飛び降り、死をもって償った。これは大変ショックなニュースだった。私の意見を取り入れてくれ、一緒にヒット興行を何度も作り上げた恩人の死は、全女の最期そのものだ。

JD スターの所属だった風香（左）と AtoZ でデビューした華名（中央）と栗原あゆみ（右）。3人はその後、日本の女子プロレスの牽引者となるまで成長した。

GAEAは創立10周年での電撃解散。選手が大きな造反に出る前に処置を取った。看板選手の長与千種は引退していった。千種をしても経営陣の分厚い壁の前には屈さざるを得なかったと聞いた。

このように業界が大きく揺れる中、Kさんは全女にいた高橋奈苗や**Hikaru**※、**前村早紀**※を取り込みJDスターとの新プロジェクトに参加させた。

この新プロジェクトは、AtoZを解体し、KOプロダクションを作り、JDスターが、定期戦を行っていた道場でもある新木場1stRINGを本拠地にして合同興行を打つという計画だった。

Kさんはキャリア組のうるさ型だった下田美馬のクビを切ることを決め、私に通告するよう要請してきた。下田は私を信じてAtoZにきてくれていたから心苦しい。「私はロッシーに損させられたことがないから」といつも言ってくれていた。そんな下田を呼び出し「もう潮時だ、申し訳ないけど身を引いてくれ」と頼んだのである。

ロッシー小川、ホームレスになる

JDスターは格闘美というイベントを月に3回開催していた。

私はKOプロダクションの代表として、JDスター側とのマッチメイクを調整する役割になった。

JDスター側はレフェリーをやっていた小林大輔と映像スタッフの早見淳さんの2人が担当だった。

ＫＯプロダクションは高橋奈苗、Ｈｉｋａｒｕ、前村早紀に堀田祐美子、西尾美香、阿部幸江、華名が主要メンバー。これにＪＤスターの**風香**※、**渋谷シュウ**※が加わる。**桜花由美**※は欠場中でこのプロジェクトには参加していないので、多少の選手を借りて大会を構成しなければならない。

その頃、瑞江の道場が閉鎖することが決まった。建物を壊して隣接の神社が拡大するというのだ。道場に住んでいた華名は友人宅に移り、新人の**中島安里紗**※は風香が住んでいた豊洲のアパートを間借りすることになった。

しかし、私には行く当てがまったくない。

仕方がないので、私は事務所の跡地にキャンピングカーを置き、車上生活をすることにした。

この瑞江の道場を探し当てたのは、アルシオンの旗揚げのときだから8年前。初めての自前の道場に対する愛着は格別で、道場内の壁いっぱいに来訪者のサインを入れていた。第1号のサインはあのヒクソン・グレイシーで、闘龍門が東京で試合がある際はウルティモ校長に頼まれて道場を貸したりもした。そんな夢の跡に車を停めて眠る日々だ。

私の車上生活は２００５年12月から２００６年1月の２ヶ月も続いた。

日に日に寒さが厳しくなる。雨が降ろうものなら気分は最悪だった。雨が車のボンネットに当たり、雨音がするたびに心が荒んでくる。どうにもならない現実。シャワーだけは毎日浴びたかったから、新木場での興行前に一人で早く会場入りしシャワーを浴びたり、銭湯にもよく行った。毎日が憂うつで先の見通しが見えない。それでも時間が過ぎていく。

「俺はこのまま終わってしまうのか……」

そんなことばかり考えるようになっていた。

どん底生活で知った人の温もり

そんな時、救いの手を差し伸べてくれたのが、ＡｔｏＺの初代オーナーだったＳさんだ。

私が苦労しているという話を誰かに聞いたのだろう。

「大変な思いをさせて申し訳ない。お金を出すので、どこかに部屋を借りてください」

そう言ってお金を出してくれたのである。私は動きやすさを重視し、キャンピングカーを置いていた瑞江に部屋を借りる算段をとった。家賃６万８０００円、敷金・礼金あわせて40万円をＳさんに用立ててもらったのである。

思えば、このどん底生活では人生の厳しさと同時に、人間の温かさも知ることができた。

たとえば、闘龍門のウルティモ校長は私を食事に連れ出してくれた。場所は東京ドームホテルのレストランだった。食事会の後、水道橋駅まで送ってもらうと……、ウルティモ校長は「これ車代にどうぞ」と封筒を渡してくれたのだ。

私は断ったが「まあいいじゃありませんか」とウルティモ校長は譲らない。私はＡｔｏＺに関わってから給料をもらっていなかったから、まったくお金を持っていない。だから恥ずかしい話だが、ウルティモ校長には本当に感謝した。

もうひとり、助けられたといえばプロレスマスクの専門店「**デポマート**※」の大川昇カメラマンだ。ＡｔｏＺでの無給時代、私は生活費を得るために、趣味で集めていたルチャのマスクを定期的にデポマートに持参して換金してもらっていた。大川君は毎回、「もっといいマスクを持ってきてくださいよ」と言いつつも、必ず5万円のキャッシュを用立ててくれた。おそらく売れないマスクばかりだったに違いないが、好意でお金をくれていたのであろう。大川君は元ゴングのカメラマンで全女時代からよく遊んだ仲。アルシオンでは団体のオフィシャルカメラマンを務めてくれた。10歳も年下だが、いつも私の行動に不安を抱きアドバイスをくれていたのだ。

Ｓさんの援助で車上生活を脱したのと時を同じくして、ＪＤスターから正式にスタッフとして協力して欲しいと手を差し伸べてもらった。

私は瑞江の駅前に借りた部屋から、銀座一丁目にあるＪＤスターの事務所に通うようになった。ＪＤスターでは主にマッチメイクを担当。「出社時間（午前10時30分）さえ守ってもらえればあとは自由で構いません」と言われていた。月に3度開催される格闘美の選手ブッキングやカード編成には物足りなさもあったが、仕事にありつけ、給料を頂けるだけでよしとした。

給料は15万円で、そのほかに定期券代も支給してもらった。3ヶ月後には20万円に増額され、生活も安定。人に使われる立場は全女以来だから、8年ぶりだ。

そのうちに〈Ladys'ゴング〉の編集長になった泉井弘之介から「また雑誌で原稿を書いてください!」と声が掛かった。幸い銀座一丁目のJDスター事務所から、茅場町の日本スポーツ出版社までタクシーでワンメーターの距離だ。私は仕事に慣れてくると、午後過ぎには日本スポーツ出版社の〈Ladys'ゴング〉編集部に直行。取材して原稿を書きまくり、「女子プロレス事件File」というムック本を2冊も責任編集した。

日本スポーツ出版社からの原稿料だけでも毎月、20～30万円は稼いでいた。JDスターでは初めてパソコンを使わせてもらい、休みの日でもプロレスの原稿を書くために出社することもしばしばだった。2006年の1月は車上生活をしていて貯金0だったが、12月には貯金が100万円も貯まった。休みはなく仕事漬けの日々だったが、年齢的には49歳、まだまだいけると確信した。

絶望の中で得た〝風香〟という希望

しかし、安定した生活は長くは続かない。

年が明けてすぐの2月18日、母親が他界した。自身の誕生日の深夜、トイレに行った際に倒れてそれっきりだった。深夜3時、私の携帯に母が倒れたとの連絡があったが、1時間も経たないうちに訃報が入った。悲しむというよりも、その呆気なさに驚くばかりだった。

その翌月の3月には〈Ladys'ゴング〉を出していた日本スポーツ出版社の前田社長が証券取引法違反で逮捕された。この逮捕の影響などで同社は資金繰りが悪化、〈週刊ゴング〉はもとより、〈Ladys'ゴング〉〈ゴング格闘技〉の廃刊が決定し、モバイル・ゴングも中断されることになる。

会社の説明会には私も顔を出したが、社員の怒号が鳴り響く物々しい雰囲気で、経営陣はただ謝るばかりだった。編集部だけでなく、すべての社員や関連スタッフが仕事を失った。もちろん、私も例外ではない。

そして5月、さらなるショックが私を襲う。格闘美が7月で解散することになったのだ。これで私は収入源だった2つの仕事を立て続けに失った。生活を立て直してからわずか1年で再びお先真っ暗になってしまった。もうどん底生活はしたくない。

そんな窮地に追い込まれたとき、声をかけてくれたのが風香だった。

風香は新設された格闘美のPOP王座初代チャンピオンで、格闘美が解散した後も事務所に残ってプロレスを続けるという。私のこれまでの経歴を見込んで、彼女のプロレスのマネージメントを頼まれたのだ。

「風香を全面に出すイベントをしよう。風香祭というタイトルで定期的に興行をやろう！」

私は一気に決めていった。風香はそれまでNEOや※**プロレスリングSUN**に出場していたが、出場するだけの意味のない試合には出さないことにした。新しい風香ブランドを作るためには、これまでの弱いアイドル・レスラーのイメージを捨て、強さを持つアイドル・レスラーとして各大会に貢献させなければならない。事実、風香は総合格闘技の試合にも積極的に出ていたし、シュートボクシングを習っているから実力だってあるのだ。

さて、風香祭は風香による、風香のためのイベントだ。主演が風香であり、風香のアイデアを存分に反映させた。この風香祭は13回も続き個人プロデュースの先駆けになっていった。風香は石橋を叩いて渡る超慎重派。私は面白そうなことにはすぐに飛びつくタイプだから、ある意味でいいコンビだった。

〝控室殴打事件〟の真相

風香のマネージメントを始めると、引退していた華名から「私のプロデュースをして欲しい」という依頼を受けた。華名は気になる存在だったが、やはり同世代の風香と仕事をしている関係でまず風香を最優先せざるを得なかった。

再デビューから3か月後、華名から「自分でやることになりました」との報告があった。フリー

風香の DVD を撮影するために、メキシコのアカプルコにも行った。風香のプロデュースをするようになって、私は人生を取り戻したのだった。

ランスとして歩み出したその後の活躍はご存知の通りだ。

それから華名は高橋奈苗とパッション・レッドを結成したが、ある時に奈苗からこんな相談を受けた。

「華名に付いている人間が色々口を出してくる。これ以上、一緒に続けられない」

私はこうアドバイスをした。

「昔、北斗が試合後に三田と下田をいきなり平手打ちにしたことがある。なんだかわからない状況だったけど、アイツらはそれでも北斗を支持していた。だから奈苗も華名を試したらいい。何があっても付いてくるならそれでいいし、離れるなら縁がなかったのだから」

奈苗は早速、NEOの後楽園大会で華名とのタッグ王座を失うと、いきなり華名に平手打ちをして迫った。華名は何がなんだかわからず抵抗した。あの衝撃シーンの裏側がこれだった。いま思えば離れてよかったと思う。華名は突然平手打ちされて嫌な思いをしたかもしれないが、嫌悪感があった以上は遅かれ早かれ同じ結果になっただろう。その後の華名のサクセスぶりを見るとあの出来事は正解だったと思うのだ。

2007年夏には〈Ladys'ゴング〉の編集長だった泉井が女子プロレス専門誌の復刊を目指して新会社LGCを設立して代表取締役となった。〈週刊ゴング〉編集部のメンバーは2つに分かれ、〈Gリング〉と〈Gスピリッツ〉の2誌が新しく創刊。私は〈Gリング〉に参画し、女子専門誌の

〈Lday'sリング〉のメインライターにもなった。〈Lday'sリング〉創刊号は私が書いたインタビュー記事やレポートで80パーセントが埋め尽くされた。

とにかく原稿書きは早く、仕事をどんどんこなしていく。企画、取材、原稿書きと風香の仕事と合わせ時間を費やしていく日々。携帯サイトの「昭和プロレス殿堂」でも執筆した。

「Gリング」はLGCが出版を辞めたことから、大川君の会社が資金を出して継続していった。GKこと金沢克彦さんが編集長になったが月刊誌でニュース性のある内容を出していくのは即時性に欠け、営業的にはかなり苦戦した。金沢さんは今でもワールドプロレスリングの解説者として活動し、編集担当だった吉川義治さんは現在、蝶野正洋のマネージャーとして奮闘中だ。2人とも元週刊ゴングの歴代編集長という肩書きを持つが、それは仕事ができる証である。

過去を掘り下げる内容に特化した〈Gスピリッツ〉は今でもオールド・ファンを相手に出版を続けている。ネット社会で紙媒体はもう難しくなっているのは明らかだ。雑誌はなくなりはしないが、何かに特化しなければ生き抜けない現実がある。

風香の引退

風香は2010年3月に引退する旨を私に告げてきた。

引退まで1年間の猶予がある。私はそれ以降の人生設計を考えなければならない。ひとまず収入が途切れる前に、私は4年間過ごした瑞江から、一之江に引っ越すことを決めた。

風香とは何度かメキシコに一緒に行ったし、韓国遠征や中国の南京遠征でも行動を共にした。

2010年1月にはセンダイガールズに呼ばれて仙台まで行く。大会前日には※**新崎人生**と※**里村明衣子**と一緒に食事をしたのだが、その時に人生はこんなことを言ってきた。

「小川さんは今、何歳になりますか？」

「52歳だけど」

「それならまだ2回挑戦できますよ！」

人生はこれから、生まれ故郷の名物・徳島ラーメンのチェーン店を作る計画があるという。そのために何千万円も借金して、今はラーメン屋で修行中なのだとか。人生は44歳で大勝負に出た。私はユニバーサル・プロレスでデビューし、みちのくプロレスでブレイクした人生となかなか親しかった。私の結婚披露宴にも出席してくれたし、人生がWWFに遠征中の時にはアメリカで会ったりもした。真面目で常識人の人生はプロレス界にあまりいないタイプのレスラーだから話が合った。

私は人生の挑戦はすごいと思ったが、自分でまた何か事業をすることは考えてもいなかった。風香をプロデュースしていると「自分には団体経営よりも、やっぱりプロレスのプロデューサーが合っている」と感じてもいた。

風香の引退試合は3月28日、後楽園ホールと決まっていた。私は風香祭ならではのカード作りをしなくてはならない。

引退試合の相手は風香の希望により高橋奈苗と決まった。

メキシコから**ダーク・エンジェル**※と**プリンセサ・スヘイ**※、そして単身渡墨してCMLLの世界チャンピオンまで上り詰めた**HIROKA**※も呼ぶことにした。風香のマスク・バージョンのティグレFUKAの引退試合も兼ねていたからだ。

ところがメキシコの空港で出発の際、ダーク・エンジェルことサラから飛行機に乗り遅れたとの連絡が入った。サラは電話で泣きじゃくっている。それを慰めながら、遅れての来日を決めた。というのは1週間後に新木場1stRINGで、私が風香祭後初となるプロデュース大会にサラの出場を決めていたから、きてもらわなければ困るからだ。

風香の提案で第1試合には**紫雷イオ**※vs**花月**※の新世代対決を組んだ。花月はセンダイガールズのホープで、雰囲気が若い頃の中嶋勝彦によく似ていた。この2人が後年、スターダムで出会うのだが不思議な巡り合わせだったと思う。数字にこだわる風香の引退記念は満員の観客に見守られ、大成功で終わった。私と風香の関係もここで一区切りついたと思ったが……人生はどうなるかなんて、誰もわからない。

風香が引退するまで1年の猶予があったが、私は特に事前行動はしなかった。

ダーク・エンジェルはスターダムの歴史に欠かせない外国人レスラー。彼女の10周年記念試合もスターダムで行った。

女子版のルチャ大会でもやりながら、この生活が楽しく持続できればいい。そんな程度に考えていたから、新木場1stRINGを借りてダーク・エンジェルvsプリンセサ・スヘイのCMLL女子の黄金カードをメインにとりあえず興行をやってみた。風香祭に出場したHIROKAをはじめ、高橋奈苗と夏樹☆たいようにマスクを被せたり、風香祭のマスコットだったFUKAキッドの引退セレモニーとルチャ色にこだわった。集まった観衆は100人足らず……収支はトントン。いやサラの飛行機代を2回払ったから、その分は赤字だっただろう。

愛川ゆず季との出会い

風香引退前、芸能事務所のプラチナムプロダクションから連絡が入った。

プラチナムは、風香がJDスターの後継会社であるプラファーを辞めた後、籍を置いていた事務所。そこに所属するあるタレントをプロレス・デビューさせたいから、面倒を見てほしいというのだ。そのタレントの名前は、**愛川ゆず季**※といった。

私は愛川ゆず季のことをまるで知らなかった。風香に聞くと、「かなり有名なグラビア・アイドルだ」という。そこで風香の引退から1週間後にプラチナムプロダクションがある渋谷に出かけて行ったのだ。

イケイケの芸能プロダクションらしく、グラビア・アイドルらしき女性が引っ切りなしに事務所を出入りしていた。知らない世界だけに私は緊張したが、愛川ゆず季と初対面。プロレスはどんなやり方もできる。どのようなプロレスをやりたいのか、まずは確認をしなければならない。

「形だけやりたいのか？　本格的にやりたいのか？」

私がそう尋ねると、「やるなら、ちゃんとやりたい」と告げてきた。

愛川ゆず季はクールであまり笑顔を見せなかったから、少し取っ付きにくい感じがした。

「それでは練習場所を確保して、プロレスを教えるコーチを探してきます」

ひとまずそう返答して、事務所を後にする。

インターネットで愛川ゆず季を調べてみると、雑誌の表紙を飾ったり、少年誌にグラビアが掲載されるなど、かなり本格的に活動していることがわかった。

愛川ゆず季のプロレス・ツアーを漠然と考えてみた。風香の時と同じようにサポートをすればいいだろう。売り出しの方向性をシミュレーションする。私はいつも選手の顔や経歴を見ただけで、あれこれ描いてみる習性がある。考えているうちに、風香の引退後、少なからず感じていた喪失感が消えていくのを感じたのだった。

5章に登場するプロレス関連の用語集

《P182》

■エイプリル・ハンター

アメリカ・ペンシルバニア州出身。モデルとして活動後、nWoのマネージャーとしてWCWに入団。その後、レスラーを目指してキラー・コワルスキー道場で練習を積む。01年からROHなどに出場。筋骨隆々のセクシーなマッスルボディで注目を集めた。

■アリソン・デインジャー

カナダ・マニトバ州出身。兄はZERO1などで活躍した、スティーブ・コリノ。02年にECWにてデビュー。

■華名

2004年、AtoZでデビュー。06年に体調不良で一時リングを離れるが、翌年に復帰。以降、様々な団体のマットに上がり、数々のタイトルを獲得。15年にWWEと契約し、リングネームをASUKAに変更。WWEの傘下団体のNXTで連勝記録を作り、17年10月にWWEに昇格、トップ選手として活躍している。

《P187》

■栗原あゆみ

実家はプロレス関係者の間で有名な、神楽坂の焼肉店「三宝」。高校卒業後にAtoZに入団するも途中離脱。2005年、吉田万里子らが立ち上げたユニットM's Styleでデビュー。愛らしいルックスで一躍人気者になった。13年、満員の観衆に見守られながら、後楽園ホールで引退。

■木村響子

93年にテスト生としてFMWに入団するもデビュー前に退団。その後、出産を経て03年にJWPでデビューする。05年からはフリーとなり、様々な団体を転戦。12年5月からはスターダムに参戦し、木村モンスター軍を創設。モンスター軍は後に大江戸隊に発展した。17年1月の引退試合では、娘の女子プロレスラー木村花とタッグを組んだ。

■松尾永遠（まつお・はるか）

2001年、Jd'でデビュー。アイドル性の高いルックスから将来を嘱望されていたが、翌年2月に突如退団。半年後にNEOに移籍し、05年頃からトップ戦線で活躍した。09年に引退。18年12月現在、プロレスラーの成瀬昌由のトレーニングジムでトレーナーを務めている。

■竹迫望美

2003年にIWA・JAPANでデビュー。写真集を発売するなど、一部で人気に。07年に背中や腰などを負傷し、長期欠場に入る。翌年、結婚と妊娠を発表し、同時にフリーに。10年に2年半ぶりの復帰戦ならびに引退試合を実施。試合後、生まれた子どもを抱きながら、引退のあいさつを行った。

■「昭和」子

04年にDDTで、マスクウーマン「昭和」子としてデビュー。05年1月にKAIENTAI DOJOに移籍。5月からマスクを脱ぎ、素顔でバンビとして活動している。

《P190》

■Hikaru

1999年に全日本女子プロレスでデビュー。当時のリングネームは、本名の塩谷良美。03年にテレビ番組がきっかけで、全女に復帰を果たす（この時、リングネームをHikaruに改める）。全女解散後は、プロレスリングSUN、ZERO1-MAXなどで活動。

■前村早紀

2001年に全日本女子プロレスでデビュー。05年の全女解散後は、フリーとしてAtoZなどに参戦した。10年、プロレスラーの藤田ミノルと結婚するも、15年に離婚。16年にガンバレ☆プロレスにて限定復帰。元夫の藤田とタッグマッチで対戦した。

《P191》

■風香

2004年、JDスター女子プロレスでデビュー。プロレスを通じてアクション女優を目指すアストレスの四期生。アイドルレスラーとして注目されるも、当初はひ弱な印象が強く、勝ちに恵まれなかった。07年から筆者プロデュースの自主興行「風香祭」で人気と実力を兼ね備えたレスラーになっていった。10年に現役を引退。11年1月に旗揚げしたスターダムではGMを務め、多くの新人選手を送り出した。

■渋谷（しぶたに）シュウ

2004年、JDスター女子プロレスでデビュー。07年からはフリーとなり、プロレスリングWAVEの旗揚げに参加。09年より同団体の所属となる。天然と称される味のあるキャラクターで人気に。15年5月に引退した。

■桜花由美

2001年、吉本女子プロレスJd'においてアストレス二期生としてデビュー。選手が大量離脱する中、最後までJDに留まり、エースとして活躍。07年にJDスターが解散すると、7月に新団体プロレスリングWAVEの創設に参加。18年12月現在、同団体の代表を務めている。

■中島安里紗

2006年にAtoZでデビュー。AtoZの活動停止後、JWPの所属となりエースとして活躍。18年現在はSEAdLINNNGに所属している。

《P193》

■デポマート

元〈週刊ゴング〉のカメラマン、大川昇氏が経営するプロレスマスク専門店。東京都文京区水道橋にある。店内にはマニア垂涎のマスクが満載。レスラーを招いてのイベントも行っている。

《P196》

■プロレスリングSUN

プロレス団体「ZERO1-MAX」の運営会社ファーストオンステージが2006年に設立。当初の所属選手は、高橋奈苗、Hikaru、前村早紀、夏樹☆ヘッド（後に夏樹☆たいように改名）。翌年団体名をCHICK FIGHTS SUNに変更。09年に解散した。

《P200》

■新崎人生

1992年、ユニバーサル・プロレスリングでデビュー。翌年、みちのくプロレスに入団し、四国遍路者のキャラクター・新崎人生として再デビュー、1年足らずでトップ選手になる。94年にはWWFの日本興行に参戦。高い評価を受け、WWFと契約を結んで渡米。白使（ハクシ）とリングネームを改め、インターコンチネンタル王座に挑戦するなど活躍した。96年にみちのくプロレスに復帰し、FMWや、全日本プロレスなどでも活動。「徳島ラーメン人生」などの飲食店を複数経営する実業家の顔も持つ。

■里村明衣子

1995年にGAEA JAPANでデビュー。直後に行われた「ジュニアオールスター戦」ではメインイベントに抜擢され、MVPを獲得。長与千種に後継者として指名され、デビル雅美やダイナマイト関西、北斗晶、アジャ・コングといったレスラーと激闘を繰り広げた。05年のGAEA解散後は、仙台に「センダイガールズプロレスリング」を設立。18年には第二回メイヤング・クラシックにも参戦した。現代の女子プロレスを代表するレジェンドである。

《P201》

■ダーク・エンジェル

カナダ・マニトバ州出身。本名サラ・ストック。02年にカナダでプロデビューし、翌年メキシコに移住。ダーク・エンジェルとして、CMLLやTNAなどで活躍。日本のマットには05年に初登場（AtoZ）。その後、風香祭やスターダムのリングに上がった。現在はWWEのエージェントになっている。

■プリンセサ・スヘイ

メキシコ・モンテレイ出身。1996年デビュー。ヒールの覆面レスラーで、蝶をモチーフにしたマスクを被る。04年にはダーク・エンジェルとマスクを賭けて対戦。試合に勝利し、ダーク・エンジェルのマスクをはぎ取った。99年にアルシオンに初来日。17年の第一回メイヤング・クラシックにも参加。

■HIROKA

2002年にLLPWでデビュー。北海道礼文島でのデビューだったため、レヅン寛香のリングネームを名乗った。若手のころは目立った活躍がなかったが、05年に単身メキシコに渡って覚醒。06年６月にはマルセラに勝利し、ＣＭＬＬの女子王座を獲得するまでに成長（同王座は13連続防衛に成功）。その後も、メキシコに定住した下田美馬とタッグを組むなど活躍。

■紫雷イオ

２００７年に「ＭＡＫＥＨＥＮ」でデビュー。〝天空の逸女〟の異名を持つ、10年代を代表するスター選手。姉・美央とのユニット、紫雷姉妹としてインディーを中心に様々な団体に参戦。11年８月からスターダムに参戦すると、13年にはアルファ・フィーメルを破り、ワールド・オブ・スターダム王座を獲得。以後、団体のみならず、女子プロレス界を代表する選手として活躍。14～16年まで３年連続で日本プロレス大賞の女子プロレス大賞を受賞した。18年６月、スターダムを退団し、ＷＷＥに入団。18年現在は参加のＮＸＴのマットに上がっている。

■花月

２００８年、中学卒業と同時にセンダイガールズプロレスリングに入団。同年８月にデビュー。14年にフリーに転向し、ＯＺアカデミーやプロレスリングＷＡＶＥなどを転戦。16年にはスターダムに参戦し、大江戸隊に加入。翌年、木村響子の引退にともない、大江戸隊の新リーダーとなった。17年11月にスターダムに入団、18年６月にはワールド・オブ・スターダム王座を獲得した。

《Ｐ２０３》

■愛川ゆず季

プラチナム所属。２００３年にグラビアデビュー。日テレジェニック２００５に選ばれるなど、人気を博す。10年８月、突如プロレス転向を発表。プロレス活動では、スターダムに所属する。10月の自主興行「ゆずポン祭」にてデビュー、高橋奈苗相手に堂々たる試合を展開すると、翌年に旗揚げしたスターダムではワンダー・オブ・スターダム王座を獲得するなど、センセーションを巻き起こす。11年と12年は２年連続で女子プロレス大賞を受賞（連続受賞は史上初）。13年４月、スターダム初の両国国技館大会で引退。

第六章

再びリングの表舞台へ

～スターを生み出す団体「スターダム」の船出～

集結するダイヤモンドの原石

初練習は新木場1stRINGのリングを借りてやることになった。

愛川ゆず季はマネージャーを伴わず、ひとりで現れた。その後もそうだったが、基本的に愛川ゆず季のプロレス活動は私に丸投げ。事務所はほとんどタッチしてこなかった。

コーチは高橋奈苗に依頼したが、「会ったこともない人には教えられない……」とキッパリ断られた。そこで引退したばかりの風香に頼むことにした。新木場のリングを使って、基礎体力作りや受身、ロープワークなどの基本トレーニングを教えてくれたが、「新小岩のシーザージムに頼んでみるので、週に何回かはそこでキックの練習をしたらいい」と新たな練習場所を提供してくれた。

愛川ゆず季はテコンドーの経験者で毎年、テコンドーの大会で試割りをしたりしているという。シーザージム新小岩の代表、大村勝己さんは現役時代はシュートボクシングのチャンピオンまで上り詰めた人物で、指導のプロだ。昼間の時間帯はほぼ独占状態でリングを使用できたから実践スパーリングを重ねて、メキメキ腕が上がってきた。かかと蹴りの要領で足を上げる姿を見たとたん、これは成功すると妙な確信ができた。週に1、2度の新木場に加えて、2度の新小岩。この割り合いでスケジュールをこなしていく。

「プロレスをやりたい女の子がいるので、一緒にリングを使わせてほしい」

練習を始めてから1ヶ月が経った頃、風香がそんな提案をしてきた。そりゃあ1人より2人、3人で練習をやっていく方が刺激があっていい。

風香は風香祭のリングアナだったタレントでチョークアーティストのRICAと、当時小学1年生の熊谷春香ちゃん（=**夢**※）を連れてきた。そうして始まった3人での練習、すると何度目かの合同練習の後、風香が「私がプロレスをやりたい選手を集めるので団体を作ってください！」などと言ってきた。

私は一度団体を起こして、失敗をしている身だ。またあのような苦しみを背負うことはできない。私が空返事を繰り返していると、練習のたびに新木場には1人ずつ人が増えているではないか。それが**須佐えり**※であり、**世Ⅳ虎**※だった。

風香には選手の当てがあるらしく、具体的な名前を挙げて私のやる気を起こそうとした。そこからまた1ヶ月を過ぎた頃、ひとりの面接を頼まれた。そうして新木場駅に近い喫茶店で会ったのが、極真空手の師範代を務めていた後の**美闘陽子**※だった。

美闘は身長170センチと長身で、ルックスも抜群。この人が入るならば、新団体はうまくいくかもしれない。そう私は直感した。しかし、このとき本人はあまり真剣にプロレスラーになることを考えておらず、サークルのようなノリで練習に通っていたらしい。後日そう話していた。

同じくらいの頃、風香が山口県に住む17歳の女の子がプロレスをやりたいと言っている、と写メを見せてくれた。写真はピンボケしていたが、なんとなく顔はわかった。女の子は貯金が6000円しかなく、上京する交通費がないという。私は東京までの旅費を送ってあげることにした。選手候補は1人でも多い方がいい。それにピンボケの写真になぜか閃いたからだ。

それからしばらくして、山口県から**岩谷麻優**※という名前の少女が上京してきた。

私と風香は東京駅の新幹線乗り場のホームで少女と初対面。これが麻優との出会いだった。麻優は私と風香にお土産を買ってきてくれたが、6000円あったはずの所持金は3000円になっていた。荷物はコンビニのビニール袋2つ分だけだ。衣類を入れたスーツケースもない。どうやら母親の反対を押し切って家出同然で上京してきたらしい。まだ団体の形がなく、選手の寮さえもない。だから一之江にある私の自宅に住まわせるしかなかった。

新木場での練習初日の終了後、麻優は自宅に戻ると「もっと練習したいから、近所を走ってきます」と表に飛び出していった。練習熱心だと感心したが、2時間経っても戻ってこない。初めての土地で道がわからなくなり、途方に暮れていたという。以来、麻優は二度とランニングに行くことはなかった。

練習後はずっと寝てばかりいたので、麻優とはじっくり話したことがなかった。上京当時、麻優の体重は43キロしかなかった。こんなに細くてはプロレスはできない。まあせっかく上京してきたのだから、じっくり育てればいい。いつ辞めても仕方ないかなと半分はそんな気持ちだった。

シュートボクシングのGirls S-cupに風香が出場するため練習生全員で応援に行くと、ひとりの少女と出会った。見るからにキラキラ輝いていた、その美少女の名前はありさ（後の**星輝ありさ**※）と言った。当時14歳の中学3年生で、プロレスに興味があるという。長く女子プロレスに関わってきたが、第一印象でこんなに輝くオーラを発散していたのは、このありさだけだ。彼女もまた練習に加わることになった。ありさは新小岩のシーザージムでシュートボクシングの練習を積んでいた。ありさのお母さんが亡くなった際には麻優を連れてお通夜に行ったこともある。まだデビュー前だったが、これから育てていく少女の悲しみを察して駆けつけるのは当然のことだ。

新団体の旗揚げを発表

気が付けば、愛川ゆず季を中心に7名の練習生が集まっていた。

何よりみんな若い。私も意欲が湧き上がってきた。

黄色い真新しいTシャツを作り、それを着て〈週プロ〉で新団体を独占発表。30歳を超えることが当たり前になりつつあった女子プロレス界に新風を呼ぶ。

団体名を幾つか考えたが、これからスターを育てる団体、スターを輩出する団体の意味を込めてスターダムと命名[※]した。新木場を借りて少女たちが風香の指導の元に汗を流す。空手の師範代でキッズのクラスを持っていた美闘陽子が代行することもあった。

集まってきた10代の若い子を見ていると、これからの女子プロレスは麻優やありさのような線の細い子たちが主流になっていくと感じていた。世間ではAKB48が人気を呼び、大人数で魅せていく時代になっていたからスターダムも時流に乗ればいい。親近感のあるアイドル性が豊かな女子プロレス、でも試合は本気モード、スターダムの方向は決まった。

10代の少女ばかりを集めた新団体はかつてない新鮮さがあった。

だが、メリハリをつけるには経験者も必要だと判断し、高橋奈苗と夏樹☆たいようを誘った。練習に参加しているうちに、夏樹の気持ちは固まってきた。だが、奈苗の態度がはっきりしない。奈苗はリング上とは違って、結論を先送りにする傾向があった。そうこうしているうちに、団体設立会見が1週間後に迫ってきた。今日こそは決断してもらわなければならない。

奈苗は給料の保障を求めてきたが、それはクリアした。まだ旗揚げもしていない団体だ。支払いを確実にできる当てはなかったが、集まったメンバーの顔ぶれを見れば、そんな心配は吹き飛んだ。

記者会見は水道橋にある内海という会議室を使った。団体の資金は私のポケットマネーだけだから、なるべく経費を抑えていた。新団体スターダムは私が代表取締役となり、風香がGM、高橋奈苗にはプレーイング・コーチの肩書きを与えた。

新団体「スターダム」の設立会見での一枚。夢と希望と若さに満ち溢れた船出だった。

会見後に風香、奈苗、夏樹と共に今後の方針を話し合った。

「スターダムをナンバーワンにしたいのか？　オンリーワンにしたいのか？」

私が問うと、みんなは揃って「ナンバーワンを目指したい！」と言った。私も同じ気持ちだった。いくらすごい試合をしても、観客不在では意味がない。団体は理想だけでは続けていけない。売上が必要なのだ。

アルシオンでの失敗を教訓に、経営や運営方針を実践していく。スタッフは私だけでいい。試合スケジュール、チケット販売、広報活動、マッチメイク、グッズ作成、印刷物の手配、そして経営……やることは山ほどあるが、まずは自分でやってみないことには人に指示を出すこともできない。毎日が充実してきた。仮にこの新団体が発足しなかったら私の人生はどうなっていたのやら。これも出会いに感謝しなければならない。とりわけ風香には感謝しかない。

ゆずポンのプロレスデビュー

２０１０年10月31日に、愛川ゆず季の自主興行「ゆずポン祭」を初めて新木場１ｓｔＲＩＮＧで開催した。その１ヶ月前に開かれたプロレス・デビュー会見には芸能マスコミなど多くの取材陣が集まった。約半年間、私はゆずポンの練習に付き合い、すべての映像を撮ってきた。今後はこのよ

愛川ゆず季のデビュー戦。コーナーに詰めた高橋奈苗に鬼気迫る表情で蹴りを入れる。
アイドルの転身という話題性を超えた、本気のプロレスがそこにあった。

うに一人の選手に付きっ切りで時間を費やすことはない。最後の二人三脚になった。

デビュー戦は超満員の札止め。最前列は新木場では破格の1万円とプラチナチケットになった。

高橋奈苗を相手にした初陣は、顔面への張り手に耐え抜いたがあえなく轟沈。この体を張った本気のプロレスがゆずポンの真骨頂で、グラビア・アイドルからの転身という話題性だけではなかった。

高橋奈苗は試合後のマイクアピールで「お前、本当にデビュー戦か⁉」と発言した。この発言がすべてを物語っている。前座では美闘陽子と須佐えりがエキシビションマッチで対戦、スターダムのプロレスを少しだけ披露してくれた。

暮れには一ノ江のアパートを出て、事務所と寮、自宅を兼ねた一軒家を借りることにした。

場所は日頃、練習場にしている新小岩のシーザージムの近くを探した。幸いジムから歩いて3分ほどにあった一軒家を借りることができた。家賃は16万5000円。5LDKの一軒家には私をはじめ、世Ⅳ虎、岩谷麻優、そして**鹿島沙希**※が住んだ。

沙希は島根県の出身で、当時17歳。か細い美少女はプロレスが大好きで、島根で興行があると欠かさず観戦していたという。上京したのは年の瀬も差し迫った2012年12月30日、とにかく明るくてよくしゃべる。旗揚げ戦には間に合わないが二期生として入門した。

この年の11月には正式に株式会社スターダムを登記した。当初は一ノ江の自宅を住所として登録。法律の改正で株式会社は資本金0円でも登録できるようになっていた。とりあえず100万円を資本金として新会社ができあがった。一軒家の引越し費用が約１００万円もかかったので、私の貯金は限りなくゼロに近くなった。もうやるしかない！

迎えた運命の旗揚げ戦

新人たちは未熟ながら順調に育っていった。

しかし、そんな中、選手の指導方針をめぐって風香と奈苗が対立するようになる。奈苗の中にはプロレスラーはこうあるべきだ、という譲れないポリシーのようなものがあった。そのため、奈苗が指導する練習は基礎体力作りが中心で、長時間の練習を繰り返していた。先輩後輩の上下関係も絶対だった。これに一部の選手が反発したのだ。

「基礎体（力練習）は家でもできる。せっかくリングがあるのだから、リングを使った練習を中心にやりたい」

美闘は空手で基礎体力を鍛えていたので、もっとプロレスの実技を練習したいと思っていた。そのため、奈苗が仕切る練習に段々と参加しなくなった。それを見て危機感を抱いたのが風香である。風香は自分がひとりずつ探してきた選手たちが、そうしてバラバラになってしまうのが耐えられなかった。風香にとって奈苗はプロレスラーとしては先輩だが、スターダムは自らの夢の続きをつむいでいく場所だ。

「GMとコーチ、どちらが上だかハッキリさせてほしい！」

私にそう詰め寄ってきたのだ。どちらの言い分も一理あるが、旗揚げを控えて分裂している場合ではない。私は決断を下さず事態をうやむやにしておいたが、この2人のプロレス観は水と油だったから胸の内では否定し合っていたのだ。

旗揚げ戦は1月23日、新木場1ｓｔＲＩＮＧ。裏ではこの日のカード編成をめぐってもめにもめた。私は早くから美闘陽子vs世Ⅳ虎という一期生同士のシングルマッチをメインに考えていた。新しい団体は新しい選手が中心でなければ意味がない。新人同士のデビュー戦が旗揚げ戦のメインを飾るのは、長いプロレス史の中でも初めてのこと。それだけでも意義があると思ったのだ。

それを知って、奈苗は憮然とした。当然、自分がメインに出るものと踏んでいたからだ。

「私たちは新人の踏み台になるために入ったんじゃない」

夏樹はこうも言った。しかし、私は考えを変える気はない。そこで折衷案として、2人を第一試合に出すことを提案した。旗揚げ興行において、第一試合はきわめて重要な意味を持つ。奈苗と夏樹はようやく納得してくれた。

観衆は440人、満員札止めでの好発進。あんなに入った新木場はかつてなかった。やはり未知なる魅力に対する興味があったのだろう。

旗揚げ戦のメインは、美闘陽子 vs 世Ⅳ虎という一期生の戦いを選択。

かつてないほどの観客で膨れ上がった新木場。旗揚げ戦は大成功に終わった。

第一試合では奈苗がメキシコからの留学生、**愛リス**※と組んで夏樹&愛川というタッグマッチ。須佐えりvs長野美香、夢ちゃんはエキシビションマッチの扱いで出場。セミファイナルは星輝ありさvs岩谷麻優を組んだ。星輝というリングネームは、輝く星というまさにスターダムの申し子のような名前にした。15歳のありさには未来のスターダムを託したかったからだ。メインは新人同士とは思えないスケールとプロレス・センス。美闘が風香直伝の回転式2段蹴りであるドールB（風香はドールF）で世Ⅳ虎からフォールを奪ってみせた。

無理のない経営スタイル

団体運営というと、避けては通れないのが諸々の支払いだ。

アルシオンでの失敗を活かし、身の丈にあったものにすることにした。選手のギャラは固定給にした。新人ばかりだから、5万円が初任給だ。興行数は少なかったが、支払いも少なかった。給料、興行経費を含めて、1ヶ月の支払いは３００万円足らずで済んだ。この程度の支払いであれば、なんとかやっていける。

そんな矢先の3月11日、東日本大震災が起きる。

当日、私は麻優をハイエースに乗せて練習場に向かっている途中だった。運転中はさほど揺れを感じなかったが、電信柱が大きく揺れていた。麻優は「小川さんが貧乏揺すりをしているかと思った」と呑気なことを言っていった。

被害は想像を遥かに超えていた。余震があるたびに、寮生たちは怖がっていた。見かねた風香がみんなを自分の実家がある奈良に避難させようとしていた。しかし、奈苗たちはそれを知らされなかったので、風香に対して不信感をつのらせることになる。

3月は震災の影響もあって、1大会のみで運営していかねばならない。これまでの教訓から無理しない経営を心がけた。見た目は派手だが、経営は地味に堅実に。それがアルシオンの失敗から学んだことだ。スターダムは借金のない会社として始まったが、それは今も変わりがない。

聖地後楽園ホールに進出

旗揚げ戦から半年後の7月には後楽園ホールに初進出した。

やはりプロレスの聖地で興行をしなければ、プロレス界では認められない。

すでに旗揚げ戦で発表していたが、半年後の状況を見すえて取り組まなければならない。

私は一人で切り盛りしていたから、休みなんてなかったし、休みたいとも思わなかった。休んでしまったら業務が遅れてしまう。団体が軌道に乗るまでは、一人で黙々とやればいい。スターダムを女子プロレスのトップにするというモチベーションがあったから、何も苦になることはない。プロレス団体は、選手とフロントが足並みを揃えていくことができればなんとかなるものだ。だからこそ内部分裂につながる選手間のトラブルには気を付けなければならない。

二期生は鹿島沙希のほかにも何人もいたが、みんな途中で挫折した。沙希は自分が体力がなく、運動神経がよくないということをよくわかっていたから、誰よりも練習し、努力をしてデビューを果たした。

２０１１年7月24日、スターダム初の後楽園ホール大会。この記念すべき興行で2つのチャンピオン・ベルトを新設した。

やはりベルトはアメリカ製の物がクオリティがいい。私はTOP ROPE BELTSというメーカーにベルトをオーダーした。ワールド・オブ・スターダムは、スターダムが認定する世界王座。通称・赤いベルトである。ワンダー・オブ・スターダムは、スターダムに定期参戦する選手を対象にした王座。当初は生え抜き選手しか挑戦できなかった、通称・白いベルトだ。

ワールド王座は高橋奈苗、美闘陽子、長野美香、アメリカから招聘した**メルセデス・マルチネス**※の4選手で争った。ワンダーは愛川ゆず季と世Ⅳ虎に競わせた。オープニングマッチでは岩谷麻優&星輝ありさの**AMA**※が、須佐えり&鹿島沙希と対戦。ＡＭＡはキュートなタッグチームで、ありさ考案のダンスで登場した。

初の後楽園大会は、AMA（星輝ありさ、岩谷麻優）のフレッシュな試合で幕開け。

白のベルト「ワンダー・オブ・スターダム」の初代王座には愛川ゆず季が輝いた。

ゆずポンが世Ⅳ虎を破り初代ワンダー王者になると、ここでグラビアポーズを初公開。女子プロレスの歴史に芸能感覚を取り入れた先駆者だ。奈苗が美闘を下し初代ワールド王者になると、そこに紫雷イオが花束を持って姿を現した。

あれは5月の中旬だった。イオと美央の紫雷姉妹が、2人でスターダムに出場したいと伝えてきたのだ。私は新小岩の喫茶店で姉妹を面接した。

妹のイオは上昇志向が強く、スターダムでスターになりたいと申し出た。姉の美央もイオと一緒に上がりたいが、どうも周りの人間関係を気にしていた。2回目に会った時に美央は「私は出ることは難しいけど、妹だけでも出させてほしい」と言った。やはり、これまで世話になった人間関係を優先したと理解した。

イオの方はそれまで関係があった他団体や選手たちと決別してでも、スターダムで活躍することを望んだ。イオの初登場は後楽園ホールと決めていた。とは言ってもスターダムの生え抜き選手は、イオのことをよく知らない。特にゆずポンは「いきなり控室に現れた知らない人」という認識で嫌悪感があったのは事実だろう。イオの参戦は新人ばかりのスターダムに新風を吹かせることになる。

この後楽園大会では夢ちゃんが、かのケニー・オメガと対戦し、話題を呼んだ。初のキッズファイター夢ちゃんはテレビ朝日の夕方のニュースで取り上げられた。だがこれでプロレスをやっていることが周囲に知れ渡り、クラスメイトにからかわれ、ついには不登校になりプロレスを辞めてしまったのだ。

秋にはタッグ王座を新設し、ゴッデス（女神）・オブ・スターダムという名称を付けた。初代チャンピオンに輝いたのは愛川ゆず季&美闘陽子のBY砲だ。これはプラチナムのマネージャー渡辺さんが、馬場&猪木のBI砲をもじって考えた名前だ。ゆずポンは「ゆずポン祭」も並行させていたが、これはゆずポンのプロデュース大会。ここではデビュー3戦目で堀田祐美子を破り初勝利を挙げたり、デビュー半年足らずで栗原あゆみと引き分けたりもした。ダンプ松本との試合では思うようにコントロールできずに塞ぎこんだ。「もうプロレスを辞めたい」と申し出てきたのである。こんな時、私は物事をグレーにするしかなかった。ゆずポンは意外に頑固だが、私の頼みはたいがい聞いてくれた。

2011年暮れにはブル中野から、自身の引退興行のメインにゆずポンを抜てきしたいとのオファーがきた。しかし、ゆずポンは頑なに断り続ける。私はこのメインの抜擢は他団体へのけん制の意味でも実現させたかった。だが、ゆずポンは譲らない。それどころか「引退したい」とまで言ってきたのは驚いた。

話し合いは続いた。私はブル中野の引退興行に出場することを条件に、1年後の引退を認めることを示唆した。ゆずポンは引退試合を両国国技館でやりたいと言い、その時期を一任された。ゆずポンはこの年に東京スポーツ新聞社選定のプロレス大賞で、女子プロレス大賞を初受賞した。私にとって長いプロレス生活で、自分が手掛けた選手が受賞したのは初めてだ。これは感慨深いものがあった。こうして何とか2011年、スターダムの旗揚げイヤーは終わった。

スター候補生揃いだった三期生

2012年はスターダムにとって飛躍の年になった。

前年の暮れに脇澤美穂が実に10年ぶりに正式復帰を果たした。脇澤は全女時代、〝ミホカヨ〟で人気者になったが、首を悪くして22歳の若さで引退。その後はお笑い芸人をしていたが、残念ながら日の目を見ることはなかった。そして、やり残したプロレスの世界に戻ってきたが、あくまでも一歩引いたスタンス。また三期生のデビューが決まり、最終戦から翌年に掛けて新木場4大会で順番にリングに登場した。

はるか悠梨※（加藤悠）、**宝城カイリ**※、**翔月なつみ**※、**安川惡斗**※が次々にデビューしたことにより、観客動員数がアップ。超満員記録を続けていったのだ。

アイドル志望の悠梨は部屋の掃除をしない〝汚物〟人間。バトルニュースというサイトでコラムを書いたりしていた。カイリは法政大学を卒業しており、ヨットで世界選手権出場のキャリアを持つがプロテストでは身体が動かなくなり唯一、追試合格した。リングに宝の城を築くという意味を

スターダム三期生。左から翔月なつみ、宝城カイリ、はるか悠梨、安川惡斗。

込めて宝城と名付けた。なつみは少林寺拳法の経験がありゲームキャラみたいな出で立ちだ。初めて芝居の稽古場で紹介された時、痩せっぽちで頼りなく見えた。幸が薄そうな雰囲気を醸し出していたから、せめてプロレスをやって幸せになってくれたらと思った次第だ。悪斗は舞台女優出身だが挙動不審で典型的ないじめられっ子に見えた。身体が一番大きく自己プロデュースに長けていたから最初に台頭した。私は「悪人」と書いて、「あくと」と付けたが本人は「悪人では親に知らせられないですよ……」とそれを却下。自分で漢字を考えてきた。

一期生のような若さはなかったが、いかにもファン好みがする4人が新しくデビューしたから、スターダムはどんどん厚みを増していった。3月の後楽園では一期生vs三期生の世代闘争シングル4番勝負を敢行。三期生が3勝1敗で勝ち越したのだ。

新日本プロレスにいるある知り合いが「すごいことをやりましたね。新日本じゃ絶対有り得ないことですよ」と言ってくれた。

若いけれど1年先にデビューしている1期生はこの屈辱をバネにするしかなかった。この後楽園大会は高橋奈苗vs里村明衣子をメインに、BY砲vsカワカツ（川崎葛飾最強伝説）というマッチメイクが功を奏して超満員となった。3月5日には紫雷イオが5周年記念試合を新木場で開催。大会終了後にスターダム入団を発表した。イオは正式にスターダムのメンバーとなった。

2012 年 3 月 5 日、自身の 5 周年大会でスターダム入団を発表した紫雷イオ

無理を通す交渉術

ＺＥＲＯ１の沖田が新人レスラーの夕陽[※]のデビュー戦の相手にゆずポンを指名してきた。

夕陽は日高郁人＆〝野良犬〟小林聡の両名が手塩にかけて育てた逸材だった。キック、スープレックス、空中殺法まで何でも器用に使う万能選手。かつてのアルシオンが理念としていたような試合を実践する抜群のセンスを秘めていた。

しかし、ゆずポンの反応は悪かった。

「デビュー戦の相手を務めるのは絶対に嫌です。断ってください……」

なんでも宝城カイリのデビュー戦の相手をしたとき、精神的にすごく疲れたというのだ。私は折に触れてこの話を持ち出したが、いつも「無理です……」と首を横に振る。沖田から返答を催促される。最終期限が迫っていた。

私はゆずポンを仕事帰りに自宅に送っていく途中、新宿駅の近くになると決まってこの件を打診した。なぜ私はそこまでこの話にこだわったのか。実は夕陽はデビュー戦以降、スターダムの専属になることが決まっていたのだ。だからこそ、このデビュー戦は成功させなければならない。

返答の期限を翌日に控えたとき、私はいつものように自宅まで送る途中に話を決めにかかった。

「もし夕陽のデビュー戦を務めてくれたら、その月の給料の総額を１００万円にしたい」

金銭で落とすことにしたのだ。ゆずポンは大義名分が欲しかったのだろう。ついに私の要求に応じてくれたのだ。

ゆずポンはプロレスラーになるにあたって、プラチナムプロダクションに対してあくまで個人としてスターダムと仕事をしたいと要望していた。プラチナムとしては、がけっぷちアイドルだったゆずポンを再生するためにプロレスという道を示しただけ。事務所はプロレスで利益を得ようとしていなかったので、スターダムとしては幸いだった。ゆずポンのギャラは1試合単位では女子レスラーの最高額。月に2、3試合もすれば普通に生活できる金額だ。ギャラはグッズの売り上げも込みだったので、スターダムとしては決して割高ではない。

こうやってゆずポンは夕陽のデビュー戦の相手を務めることになった。試合当日は夕陽の良さを十二分に引き出して、その上で勝利を収めた。ところが試合中に腰を痛めてしまったのである。5月4日の後楽園で行われる白いベルトの防衛戦で美闘陽子の挑戦を受けることが決まっていたが、もう1週間を切っている。新日本プロレスがお世話になっていた岐阜の名医のところに泊まり掛けで行ってみたが、結果は好転しない。当日の朝、ギリギリまで待ったが欠場を発表した。涙を流しながらゆずポンは観客に謝罪した。SNS上では非難されたが、観客の反応からは概ね理解していただいたと感じることができた。

世間を賑わせた冤罪事件

スターダムに入門したばかりのイオは5月にメキシコ遠征に出かけた。これは団体のブッキングではなく、フリー時代から決まっていたことだ。

ところが帰国の時に大事件が起きる。

5月24日、イオは成田空港に到着し、入国審査を受けた。そして税関で手荷物検査を受けたときにその場で突然逮捕されたのだ。

罪名は大麻取締法違反。私はイオの拘留されたことを東京スポーツからの連絡で知った。なんでもメキシコでファンからもらった肖像画の額から乾燥大麻が発見されたという。

イオはタバコも吸わないので、すぐにおかしいと思った。関係者がスターダムの事務所に集まり、事後策を協議した。

「イオを即刻解雇すべきだ」

ある者はもっともらしい理屈を添えて、そう強く主張したが、私の答えはノーだった。

「本人が自白したわけではないし、容疑が固まったわけでもない。そんな状況で解雇はできない。我々はイオの無実を信じよう」

その後、私の携帯電話に匿名の人物から電話がかかってきた。その人物は事件の詳細をよく知っていると言い、「イオはハメられた。犯人はメキシコにいるSだ」と暴露した。この時点でまだ事件の真相はわからなかったが、どんなことがあってもイオのことだけは守らなければならない。

イオは20日間の拘留期間を経て、処分保留で保釈された。私はすぐ亀戸のファミレスでイオに会った。

「すぐ復帰したらいい」

私は激励のつもりで言葉をかけたが、イオはすっかり憔悴しきっていた。

後日、事務所に関係者を集めて、イオの口から直接事情を説明してもらった。イオは改めて身の潔白を主張した。大半のメンバーは静かに話を聞いていたが、関係者のひとりがこう言い放った。

「みんなに迷惑をかけたのだから謝って欲しい」

するとイオは泣きながら謝罪をしたのである。その時のイオの顔は可哀想で見ていられなかった。

結局、イオは不起訴処分が下され、晴れて無実が認められた。

イオは6月の新木場大会でメインの試合後に呼ばれて挨拶した。そして1ヶ月後の新木場大会におけるバトルロイヤルで正式に復帰する。こうしてイオにとってもっとも辛く、長かった2ヶ月が終わったのである。

イオの復帰という嬉しいニュースがあった反面、スターダムから2人の生え抜きの選手が去っていった。

まず星輝ありさが5月末をもって退団した。彼女の父親に会って事情を聞いたが、どうもハッキリしない。まだ16歳、ありさの退団はスターダムの輝く星が一つ消えたと同様だった。

続いて美闘陽子から怪我を理由に、プロレスがもうできない旨の連絡があった。私は医師の診断書の提出を求めたが、美闘はそのままフェイドアウトしてしまった。2013年4月29日に両国国技館大会の開催を発表した直後の話。ビッグマッチを控えて、このマイナス2は非常に痛かった。

だが、ポジションが空くと新しい輝きを持つニュースターが出てくるのが、プロレスの醍醐味。夏から秋にかけて、初のシングルの祭典「**5★STAR GP2012**※」を開催した。エントリーしていた美闘が辞めてしまったため、急きょ同じユニットの宝城カイリが代打出場した。なぜカイリを抜擢したのか。関係者からはそんな声も上がったが、そこはもう長年の勘と言うしかない。

決勝はゆずポンが木村響子を破り初優勝。キャリア1年で当たり前のように勝っていくゆずポンは、2年連続で女子プロレス大賞を受賞した。

スターダム2年目は大きなトラブルはあったものの、2年目のジンクスなどなかった。規模はこじんまりしていたが、着実に女子プロレス界で存在感を発揮していた。2年連続で女子プロレス大賞受賞者を輩出した事実からも、他の団体を圧倒的に引き離せたのではないか。スターダムはスターを生み出す団体。スター工房でもある。暮れには三期生の**横尾由依**※がデビューし、さらに厚みを増してきた。

2011 年のプロレス大賞受賞者・新日本プロレスの棚橋弘至選手と。愛川ゆず季は 2011 年、12 年の２年連続でプロレス大賞の女子プロレス大賞に輝いた。

両国イヤーのスタート

2012年は、両国国技館大会を開催する重要な年だ。

年頭から2周年記念大会を後楽園ホールで開催。新設したアーティスト・オブ・スターダム王座の争奪トーナメントを敢行した。夏樹☆たいよう&安川惡斗&鹿島沙希が初代王者になったが、チャンピオン・ベルトの到着が大幅に遅れてしまった。だから初代王者チームは、〝エアベルト〟を巻いてアピールした。

しかし、チャンピオンになった鹿島沙希がその後欠場し、そのまま島根に帰ってしまう。実は彼女はある選手から暴力を受けており、逃げるように実家に戻ったのだ。これは5年後になって知らされた事実だった。スターダムでは選手が体調不良を理由に欠場し、そのまま辞めていくという嫌な現象が起きるようになってしまった。本当の理由が表に出せないのだから仕方ない。若い選手は多かれ少なかれ、悩みを持っている。沙希に対しては我々が十分にサポートできず、申し訳ない思いがしてならなかった。

両国イヤーとなり、大会をアピールするためのポスターを4種類も制作した。両国国技館大会は「両国シンデレラ」と命名した。DDTの「両国ピーターパン」のオマージュでもある。

当初、ワールド王座の奈苗に美闘陽子を挑戦させる計画を立てていたが、美闘の退団によりこれは頓挫。そうなると両国大会の主役候補はこの選手しかいない。そう、紫雷イオに白羽の矢を立てたのだ。イオはワールド王座の挑戦者決定トーナメントで、**米山香織**※、ダーク・エンジェルを破り挑戦権を獲得した。

両国大会の全カード発表会見は、飯田橋にあるホテルメトロポリタンエドモントで盛大に開催した。全10試合、いまのスターダムの総力戦だ。ゆずポンの引退記念試合がメインを飾ることになっていたが、実はこれは最終案。本当は浜口京子のプロレス・デビュー戦を画策していたが失敗。プレミアム性の高いカードなんてそうそうないのだ。

4月29日、両国国技館当日。午前9時には選手、スタッフは会場入り。実働スタッフが私だけのスターダムにDDTが全面協力を買って出た。特に高木三四郎大社長はスターダムの両国開催を面白がり、スタッフ総出で駆けつけてくれた。会場周りはDDTのスタッフで固め、バックステージは選手が仕切っていた。DDTの協力なしではこの両国大会の運営は困難だったと思う。

主役のゆずポンは、これまで着用したすべてのコスチュームをマネキンに着せる作業を自ら行っていた。ゆずポンのコスチュームはすべてスターダムが経費を出したから、大事な資料として保管されているのだ。コスチュームは代を重ねるごとに徐々に配色が豊かになり、凝ったものになった。

デビュー時は1着5万円だったが、引退試合のために作ったコスチュームは、1着20万円也！　たくさんのスワロフスキーが縫い付けられた特別製だ。

大会開催に向けて、選手たちは2人1組の7組に分かれ、全員で優待券撒きをした。都内23区を分けて、コンビニや飲食店に優待券を置かせていただいた。選手が手売りしたチケットも多く、ゆずポン、奈苗、風香の3人は200万円ずつ売り、手数料の20パーセントだけで一人40万円も支払っている。

ゆずポンの引退試合の相手は、やはりライバルの世Ⅳ虎が適任だった。試合のコールはいつも風香がやっているが、引退試合は元全女の今井リングアナにお願いした。ゆずポンから風香がよくコールを間違えるため、別の人がいいと頼まれていたのだ。今井節は健在だった。

ワールド王座はゆずポンが返上したため、安川惡斗を破ったダーク・エンジェルが新王者となり、ゴッデス王座は三期生の宝翔天女（宝城カイリ&翔月なつみ）に移動。紫雷イオは※**アルファ・フィーメル**からワールド王座を奪取した。イオはなぜかローリング・ソバットにこだわり、アルファの顔面を何度も蹴ってフィニッシュした。決して完勝とは言い難い勝利だったが、イオが新王者になったことでスターダムの新時代がスタートした。

大成功に終わった両国大会だが、やはりビッグマッチを行うことは団体の意識向上やステータスを上げるし、何より大きな経済効果をもたらしてくれる。2日後の5月1日は両国の打ち上げと私

両国大会では DDT 協力のミックスド・マッチもカードに組み込んだ。

タッグタイトルのゴッデス王座は三期生の宝翔天女が初戴冠。

の誕生パーティーを所縁の地である両国で開催。その席には今井さんもきてくれて、「いやあ〜やっぱり女子プロレスのビッグマッチはいいですね。この機会をくださってありがとうございます！」と言ってくれた。それから3ヶ月後、今井さんは癌のため亡くなった。私は亡くなる1週間前に病室を訪ねたが、かなり痩せ細っていた。「また来年、両国をやりますのでリングアナをお願いします」と激励したがそれは叶わなかった。スターダムの両国大会は、今井さんの最後の晴れ舞台でもあった。

引退試合を無事に終えたゆずポンには、功労金として現金が入った紙袋を渡した。金額は想像にお任せしよう。デビュー前の練習からひとりの選手をサポートすることは、この先もうないだろう。それだけ私も歳を取り過ぎたし、その時は必死だったということだ。

ゆずポンロスを立て直す

両国大会以降、スターダムは負の連鎖に見舞われた。

翔月なつみが練習中に怪我をしてリタイヤ。横尾由依も膝を何度も負傷し引退に追い込まれた。また**吉乃すみれ**※は何の前触れもなく姿を消していく。そのうえ、宝城カイリも「辞めたい」と事務所にやってきた。彼女の場合は待遇面を変えて、納得してもらった。

愛川ゆず季の引退試合は世Ⅳ虎との熱戦になった。

全試合終了後に選手、関係者と記念撮影。初の両国大会は大成功に終わった。

ゆずポン引退後は観客動員数も売上も確実に落ち込んだ。選手にそう感じさせないのは私の仕事だったが、通帳の数字がみるみる減っていく。

夏が終わると今度は須佐えりが辞めたいと事務所にやってきた。彼女は泣きながら自分の過小評価を訴えた。こんなにも彼女が取り乱した表情は見たことがなかったし、私の長いプロレス生活でも選手から評価されていないと直訴されたのは初めての経験だ。また両国大会の写真集を出した時に、麻優たちのチームの集合写真は1ページ大で載ったのに自分たちは載らなかったと抗議もされた事は正直バカ負けした。須佐えりは体が小さくビジュアル面はどちらかと言えば地味な選手。スター候補揃いのスターダムでは確かに厳しい。それでもコツコツ頑張っていれば実を結ぶことだってある。須佐えりはその後、JWPに入団したが怪我で引退を余儀なくされた。これも運命なのだろう。

また、一人暮らしを始めた岩谷麻優が練習を無断欠勤する日が続いた。心配した世Ⅳ虎がアパートまで訪ねていくと、物音がしない。世Ⅳ虎がベランダから侵入すると麻優はだらけた格好で寝ていたという。その話を聞いた私はすぐさまハイエースで麻優を迎えに行き、荷物をまとめさせると、そのまま寮に入れた。生活を管理して真人間に戻すためだ。

赤いベルトの新王者となった紫雷イオは世Ⅳ虎、木村響子を相手にＶ２に成功したが、試合内容が思ったようにいかず、観客動員数も伸び悩んでいた。

V3戦の挑戦者は「5★STAR GP2013」に優勝した高橋奈苗。このスターダムの頂上対決はイオにとって、これまでで一番厳しい闘いとなった。何しろ奈苗の攻撃は一発一発が的確にヒットするから、イオは試合中に両足が攣《つ》ってしまったのだ。それでもタイムアップ寸前で、マヒカ・デ・イオ（変形回転足折り固め）で逆転勝ち。この試合を経てイオは心身共にタフな王者に変貌していった。

V4のJWPのエース中島安里紗との団体の威信を賭けた二冠戦は、30分時間切れ引き分けに終わった。事前のルール・ミーティングでコマンド・ボリショイが試合途中でアクシデントがあった場合、その時点で試合を終了したいと言ってきた。イオはこの言葉を聞いて、中島が仕掛けてくると思い、グラウンド・ポジションでは絶対に上を取らせなかったという。中島は思うように試合をコントロールできなかったのか、試合が終わると憮然とした表情で引き上げていった。2013年はゆずポンの引退後で興行的には苦戦したが、イオという王者は確実に飛躍した年になった。

また、宝城カイリがリングとは離れた場所で活躍した年でもあった。自ら書類を提出しTBSの「世界ふしぎ発見！」のミステリハンターに合格。7000通の応募の中から選ばれて、メキシコに飛び〝仮面の秘密〟をリポートしたのだ。なんて行動力なんだ。

メキシコでのロケは11月に行われた。私はルチャの大会にカイリをブッキングしたり、ドス・カラスにコーチを依頼したりとコーディネート。3年ぶりの渡墨はカイリが私にプレゼントしてくれたようなものだ。25回目となるメキシコで初めてオアハカという都市に行くことができた。オアハカには有名な「死者の日」なる祭りがあり、そこで仮面のルーツを発見しようという狙いがあった。

試合はメキシコ郊外のトラルネパンテラにあるアレナ・ロペス・マテオスでの6人タッグマッチ。WWS代表のマヌエル・フローレスがプロモーターを兼ね、ドス・カラス引退ツアーの一環として大会が組まれていた。マヌエルはリング上で私を表彰するサプライズを用意してくれた。長い期間、女子プロレス界に貢献したとして記念盾を贈ってくれた。

その前日には同所でスターダム行きを目的としたトライアウトを開催した。サラが臨時コーチをしてくれたが、その厳しいトレーニングに参加したマスクウーマンたちは思わずマスクを脱いでいた。その中には来日前の**スター・ファイヤー**※の姿もあった。カイリと一緒にサラの自宅まで行ったが、数年後には選手とエージェントという立場でメジャー団体で関係が再開したのは偶然なのだろうか。

団体内に漂う不穏な空気

2014年に入ると、3周年記念の後楽園ホール大会で夏樹☆たいようが引退を表明した。前年に生まれた脇澤美穂と岩谷麻優のユニット・たわしーずには「亀《かめ》の子束子《こたわし》西尾商店」がプチ・スポンサーとしてついてくれ、大量のたわしを提供してくれたりお守り用の巨大タワシを守護神代わりにプレゼントしてくれた。

赤いベルトの王者としてイオは里村明衣子を相手に10度目の防衛記録を樹立した。防衛のたびに強く、華麗さを増すイオは2010年代の女子プロレスを代表する傑出したスターの座に駆け上がろうとしていた。8月の後楽園大会でイオは1年ぶりに世Ⅳ虎の挑戦を受けてたったが、結果は王座転落。生え抜きの21歳、世Ⅳ虎が赤いベルトを奪取したことでスターダムは新局面を迎えた。

この日、たわしーずがトモダチメイニア（米山香織&※**初日の出仮面**&※**倉垣翼**）に敗れ、脇澤美穂が引退を示唆。岩谷麻優はロングタイツから、通常のセパレーツ型にコスチュームを変え、白いベルトを獲得しイメチェンに成功する。宝城カイリも高橋奈苗のパートナーとしてゴッデス王者を保持するなど、時代が移り変わる瞬間を見た。また武道館大会でデビューした四期生の※**彩羽匠**はアイスリボンの世羅りさと〝武士女〟を結成。剣道の有段者同士のコンビは無限の可能性を秘めていた。

しかし、そうした中で団体内に不穏な動きがあった。

10月のある日、体調不良で長期欠場していた安川惡斗が私にある告発をしてきた。

惡斗にある選手が殴る蹴るの暴力を振るい、挙げ句の果てには鉄パイプで殴打する犯罪まがいの仕打ちをし続けていたというのだ。この場で名前を挙げたいのだが、そうなると話がややっこしくなる。惡斗は証拠として暴行によってできた身体のアザの写真を多数撮影していた。これから復帰するにあたり、このような事実を公表することにより、近い立場にあるその選手をけん制しようとしたのだろう。

この年のプロレス大賞における女子プロレス大賞は該当者なしと発表された。

私はTwitter上で抗議した。それはそうだろう。女子プロレス全体が活動休止しているならば仕方ないが、どの団体も興行をやっている。該当者なしという結論は、女子プロレスの存在を無視しているのも同じではないか。

ところが、これが東京スポーツの編集局長の逆鱗に触れた。もうスターダムは取材対象としないという話も出たそうだが、担当者が私と編集局長との手打ちの段取りをつけてくれた。プロレス大賞の授賞式に私は出向き、編集局長と面会した。互いに意見を出し合い、今後の業界について話し合うことができた。雨降って地固まるである。

新赤いベルトの王者、世Ⅳ虎の防衛戦の相手を探すのは予想外にてこずった。

年末の後楽園大会ではＤＤＴの※**赤井沙希**を相手に横綱相撲を展開したが、なかなか適当な挑戦者を確保できない。この日、彩羽匠&世羅りさの武士女がゴッデス王座に初挑戦。こともあろうに試合中、奈苗が世羅の顔面めがけて頭突きを打ち込んでしまう。私は大会終了後、奈苗に警告した。顔面に頭突きをやるなんて問答無用。鍛えられない箇所への攻撃はプロとして恥じるべき行為だ。

「ワザとやったわけではない……」

亀の子束子のスポンサードを受けたたわしーず。2013 年 12 月 29 日には勢いに乗り、6 人タッグのアーティスト・オブ・スターダム王座を獲得した。

奈苗は釈明したが、ならばよほどプロレスが下手な証拠である。昔の全女的な発想はスターダムでは通用しない。誰も得しない攻撃は必要ないのだ。

脇澤美穂は大好きな豊田真奈美や堀口元気に囲まれて引退していった。3年間、スターダムで特異な存在を貫いた。ワッキーはいつもグズグズしていたが、先輩振らない付き合い易い選手だった。

あの惨劇の舞台裏を語る

2015年はスターダムにとって激動の1年だった。

経営的には可もなく不可もなくだったが、現状維持はマイナスと同じだ。4周年記念大会では世Ⅳ虎が高橋奈苗に快勝し、世代交代を実現。安川惡斗が外国人勢を束ねて、木村響子と共に〝大江戸隊〟を結成し、岩谷麻優から白いベルトを強奪した。新春シリーズからメリッサのブッキングでアメリカから外国人選手を招へいするようになってきた。その第1弾が※**ハドソン・インビィ**であり、※**ヘイディ・ラブラス**（WWEのルビー・ライアット）だった。

それから1ヶ月後の2月22日に開催された後楽園ホール大会。

プロレス界のみならず、世間をにぎわせた惨劇が起きた。

この日は、試合開始前からおかしなことが立て続けに起こった。

まず、試合に先駆け、バックステージで彩羽匠が長与千種とともに、スターダムからの退団とマーベラスへの移籍を発表したのである。

この電撃移籍には原因があった。スターダムではバースデー・サプライズと称して、あり得ないことで誕生日の選手を驚かせる習慣がある。1月4日生まれの彩羽匠に対し、ある2人の選手が長与千種の名を騙って、マーベラスに勧誘したという。携帯電話のLINEを使ったイタズラだが、騙された匠は動揺し、「こんな先輩のいる団体にはいたくない！」と退団を決めてしまったのだ。

実は前年の12月にも匠から一度、マーベラスに移籍したいと相談されていた。そのとき私はベルトを取ってからでも遅くはないし、まだスターダムで頑張るべきだと慰留したのだ。それから1ヶ月も経たないうちにこの始末である。

セミファイナルのハイスピード王座戦では、**コグマ**※が紫雷イオに完勝し、ハイスピード王座を奪取した。キャリア1年3ヶ月での〝イオ超え〟は快挙そのもの。ホールもその勝利に沸いたが、その余韻が冷めやらぬメインで、事件が起きたのだ。

メインは世Ⅳ虎vs安川惡斗のワールド戦だった。

戦前から2人の不仲ぶりは伝え聞いていたが、まさかプロレスのルールを破るほどとは想定外だった。試合前に突然、世Ⅳ虎が公開で調印式を迫ってきた。

「この場で土下座したらタイトルマッチをやってやる！」

悪斗は挑発に乗らなかったが、場内は騒然とした。

試合前から大荒れの予感がした。ゴングが鳴ると悪斗の方からパンチを放ったが、それは当たらなかった。世Ⅳ虎はマウントを取ると、サザエのような拳で何度も悪斗の顔面を殴った。悪斗は鼻を骨折し、目が腫れて塞がった。とても見られた状態でなく、レフェリーストップ負け。レフェリーの和田京平さんは世Ⅳ虎の手を挙げた。悪斗はそのまま病院に直行。私はバックステージに行くと世Ⅳ虎を発見し「プロ失格！」と怒鳴ったのだ。

悪斗は眼窩底と鼻骨を折っており、入院を余儀なくされた。

仲が悪い同士を闘わせた責任を問う声もあったが、そんな問題ではない。どんな理由があろうが、プロレスラーならば一線を越えてはならないのだ。

ネットニュースで悪斗の顔面崩壊の写真が大きく取り上げられ、事は大問題に発展した。あっという間に拡散されて、スターダムに非難が集まる。早朝だろうが深夜だろうが、事務所の電話が鳴り響く。大半が「あんなヤツ辞めさせろ！」、「団体を解散しろ！」といった誹謗中傷ばかり。一方的に「バカヤロー！　死ね！」と罵倒して電話を切る者もいた。団体経営のピンチだ。

悪斗は順天堂医院から新宿の東京女子医大に転院した。

私は奈苗と世Ⅳ虎を連れて、悪斗の見舞いに出向いた。経緯がどうであれ、怪我をさせてしまったことは事実だ。悪斗と向き合うことで、誤解が解けることを期待していた。

病室では4人だけになった。惡斗はベッドから起き上がることができないので、横になったまま世Ⅳ虎に握手を求めた。だが、世Ⅳ虎はなかなか応じようとはしなかった。

世Ⅳ虎はとりあえず形式的に謝ったが、本意ではなかったのだろう。

病室を出るとお見舞いにきていた格闘家の大山峻護さんが奈苗に詰め寄る。

「一体あなたはどんな教育をしているんだ!?」

「全部、私の責任です」

そう奈苗は答えたが、大山さんの怒りは収まらない。

「あなたがそんな考えだから、こんなことが起きたんですよ！　悪いことは悪いと、何で認めさせないんだ!?」

私は怪我を負った惡斗を守らなくてはならない。だから退院しても、惡斗がスターダムから離れるまでは面倒を見る覚悟を決めた。スターダムは2月下旬に会見し、マスコミを通じて謝罪した。私と風香GM、奈苗は3ヶ月の減俸30パーセント、世Ⅳ虎には無期限出場停止という処分を下した。

長く暗い雲を抜ける

〈週刊プロレス〉は2週連続でこの問題を表紙に取り上げ、試合を検証する企画を始めた。また、

TVのワイドショーでも扱われ、世Ⅳ虎は引退を示唆し始める。

この事件にいち早く反応したのが、アイスリボンだった。アイスリボンは今後自分の団体の選手はスターダムに出場させないと通告してきた。愛星ゆうな※もこれがきっかけで退団を発表。3週間後には私の地元・千葉での凱旋大会を控えていたが、やる気は失せていた。

事態は沈静化するどころか、波紋がどんどん広がっていく。復帰の目途が立たないので、世Ⅳ虎が保持する赤いベルトは返上させるしかない。3月の後楽園大会では空位となった王座の争奪トーナメントを開催。新チャンピオンを輩出することで、なんとか事件の衝撃を緩和させようと努めた。

タイトルは前王者の紫雷イオ、大抜てきの宝城カイリ、タイトル挑戦の経験を持つ木村響子、そしてマーベラス入りしたばかりの彩羽匠の4選手で争った。

大会前日の夜、事務所にカイリがきた。ある選手が、いろいろな選手に向けてカイリに関する批判をしているという。大事な試合を前にカイリは動揺していた。トーナメントはカイリが木村響子、紫雷イオを撃破して優勝した。決勝戦のイオ戦では自ら放ったマリン・スパイク※の着地に失敗。足首を負傷し動けなくなったが、執念のダイビング・エルボーで赤いベルトを初戴冠した。〈週刊プロレス〉はカイリを表紙に取り上げ、〝希望の一番星〟として救世主的に扱ってくれた。スターダムはようやく暗い雲から抜けたのだ。

カイリが赤いベルトの新王者となり、4月のシンデレラ・トーナメントでは岩谷麻優が初優勝。

凄惨試合の後、宝城カイリはワールド王座を獲得し、岩谷麻優はシンデレラトーナメントで優勝。スターダムは〝三人娘〟時代に突入し、新たなステージに突き進んだ。

シンデレラ・トーナメントは次のスターを発掘するワンデイトーナメント。シンデレラが階段を駆け上がる様を当てはめた。イオは白いベルトを奪取し、これでスターダム三人娘が誕生した。

そんな中、奈苗が退団を申し入れてきた。時代は急速に変化しており、団体内に居場所はなかった。奈苗に続いて世Ⅳ虎の退団も決まった。欠場中も世Ⅳ虎には給料を払い続けていたが、本人から退団したいとの申し入れがあったのだ。

引退セレモニーを行うと連絡すると、2つの条件を出された。その条件とは、悪斗を絶対に会場に入れないことと、事前に決めたセレモニーの段取りを必ず守ることだった。セレモニーの途中、イオや麻優たちが引退取り下げを迫ったため、その場で世Ⅳ虎がリングから降りるというハプニングもあった。バックステージには奈苗や夏樹の姿があり、その影響下にあることがうかがい知れた。

揺れ動きながら変わっていくスターダムは、イオがリーダーとして選手間の采配を振るう。女子プロレス界にありがちな、特有のコミュニティはなくなり、委縮せずにノビノビした選手環境を作ることに努めた。そんな中で若手の有望株、コグマの退団は痛かった。コグマは本名ではない。名前にクマが付いていたので、体も小さいからコグマと名付けた。イオを破ってハイスピード王者になったが、体操着のようなコスチュームと幼いルックスで人気も急上昇。コグマのお母さんも熱心に応援していたから残念だったと思う。

海の向こうに羽ばたくスターダム

移籍、退団、欠場により6選手がいなくなったが、私は他団体から選手を借りるという安易な方法は採らなかった。

そんな時、鈴木八郎さんがこんなことを言った。

「大相撲のように外国人が中心でもいいじゃないですか？」

そうだ、外国人をたくさん呼んでオリジナルのコンテンツを作ることに着手した方がいい。外国人のスターが存在したって構わない。4月に来日した**チェルシー**※はまさに打ってつけの素材だ。チェルシーは叔父にブライアン・ブレアーを持ち、クラシックなオールド・スクールといわれる80年代プロレスを好んでいた。スピニング・トーホールドを得意とするこのアンバランスさは日本のファンの心を掴むには充分だ。

チェルシーは日本で成功したいと頑張り、他の外国人選手の前では気丈な態度をしていたが……私の前では泣き崩れたことが何度もあった。体を負傷しても痛い姿は見せない。多くの選手が「チェルシーなんて……」と蔑むジェラシーを感じていたからだ。

この頃ぐらいから、スターダムの海外展開を考えるようになっていた。

スターダムUSAの支部長のメリッサが来日すると、私はアメリカでスターダムの大会をやりた

爽やかな美貌で、外国人スターになれる素質を秘めていたチェルシー

いと相談した。場所はロサンゼルス。時期は10月中旬を想定した。

まず会場を決めなくてはならない。メリッサはロス在住のジェシー・ヘルナンデスが郊外で定期戦を開催しており、自前のリングもあると伝えてきた。

チケットはオンラインで販売するとのことなので、すぐにアカウントを取得。宣伝はTwitterやFacebookでするのが主流だ。あとは選手のブッキングである。私は※**サンタナ・ギャレット**と※**ミア・イム**の招へいを依頼。メリッサからは元ＷＷＥのメリーナがロスに住んでおり参戦可能との連絡があった。残りはカリフォルニア周辺に住む選手を探すとブッキングも上々。日本からはイオ、麻優、カイリの三人娘に復帰したばかりの悪斗、※**クリス・ウルフ**。アメリカ遠征中の※**松本浩代**と木村響子も出場を希望してきた。私以外にも映像ディレクターの古武さん、映像カメラマンの増村、スチール・カメラマンの柳原裕介を帯同させた。

スターダムＵＳＡツアーは大成功だった。

初日のＥＷＦアリーナは日本の区民センターのような広さだが、約３００人がスターダム見たさに駆けつけてくれたのだ。バックステージを仕切るために、メリッサは試合を欠場した。今大会はメリッサの尽力なくして開催できなかったし、これほどスムーズにはいかなかっただろう。

観客は「オーサム（素晴らしい）！」と連呼し、エンディングには「サンキュー・スターダム！プリーズ・カムバック！」と合唱してくれた。私の業界生活で最も誇らしい場面だったし、こんな高揚感はそうそう経験できない。

アメリカで女子プロレスのイベントといえば、当時はシカゴで年に2度開催しているSHIMMER[※]と、月に1度の割合でi－PPV（ネット中継）をしているフロリダのShine[※]くらいしかなかった。私はアメリカというプロレス大国のファンをどう取り込むかを模索していた。アメリカで興行を本格的にやっていくことは、よほどの協力者やスポンサーが出現しない限りかなり難しい話になる。ならば後付けになるが、動画配信サービスで会員を集め収益を得ることが先決だ。

アメリカではテレビやネットでもお金を払ってプロレスを見ることは日常的になっている。かのWWEには200万人もの有料会員がいて、月に20億円の収益を上げているし、新日本プロレスにも10万人の会員が存在する。極論を言えば、人気がありさえすれば観客動員数も増えるし、グッズも売れ、動画配信の会員も増加するのだ。

スターダムのアメリカ遠征ははじめの一歩。私の目標はスターダムが世界の女子プロレス市場をリードすること。これは私が女子プロレスに関わる最終課題なのである。少年時代に憧れた外国人のプロレス、アメリカを通じて知った世界のプロレス。スターダムが女子プロレスの世界ブランドとなることを目指したい。

スターダム初のUSA大会での一枚。全試合終了後には、観客席から「プリーズ・カムバック！」の声が上がる。スターダムが目指す方向は正しかった、と実感した瞬間だった。

6章に登場するプロレス関連の用語集

《Ｐ２１１》
■夢（はるか）
２０１１年1月23日のスターダム旗揚げ戦でデビュー。試合は3分1本勝負のキッズファイトで行った。小学生レスラーとしてワイドショーで特集されるなど話題になった。

■須佐えり
風香に憧れて、プロレスラーを志す。11年1月のスターダム旗揚げ戦でデビュー。怪我に泣かされた選手で、13年に負傷が原因で退団。その後、ＪＷＰで復帰したが試合中の怪我が原因で引退した。

■世Ⅳ虎
２０１１年1月のスターダム旗揚げ戦でデビュー。地を生かしたヤンキーキャラで頭角を現し、デビュー4年で団体最高峰のワールド王座に就くなど主力選手としてキャリアを重ねたが、15年2月の安川惡斗との凄惨試合の影響で退団。16年3月、高橋奈苗が設立したSEAdLINNNGで復帰した（現在のリングネームは世志琥）。

■美闘陽子
２０１１年1月のスターダム旗揚げ戦でデビュー。ルックスと格闘センス（極真空手の有段者で全国2位）を兼ね備えたエース候補として期待を集めたが、翌年10月に引退。16年4月にリングに戻ってきたが、17年12月に再び引退した。

《Ｐ２１２》
■岩谷麻優
２０１１年1月のスターダム旗揚げ戦でデビュー。抜群の身体能力と受けのうまさを持つ〝スターダムのアイコン〟。アメリカの専門誌〈ＰＷＩ〉の世界の女子選手ランキングで9位に選ばれるなど、海外での人気、知名度も高い。

《Ｐ２１３》
■星輝ありさ
２０１１年1月のスターダム旗揚げ戦でデビュー。シュートボクシングの経験者で、多彩な蹴り技を使いこなす。岩谷麻優とのユニット「ＡＭＡ」で脚光を浴びるが、翌年、学業への専念を理由に引退。18年11月、6年ぶりに復帰した。これからの活躍が期待される。

《Ｐ２１４》
■スターダムと命名
団体名の候補の中には、「美闘（ビート）」というものもあった。

《Ｐ２１８》
■鹿島沙希
スターダム二期生。旗揚げ戦はセコンドについていた。２０１１年6月にデビュー。13年に選手間トラブルから退団。プロレスへの情熱は失っておらず、18年

3月に電撃復帰した。

《P222》

■愛リス

メキシコ出身。2010年デビュー。メキシコでは「アクア」というリングネームで活動。女子大生レスラーで、11年のスターダム参戦時は休学をして来日していた。

《P224》

■メルセデス・マルチネス

アメリカ・コネチカット州出身。00年にデビューし、SHIMMERなど数々のインディーマットで活躍。11年に「全米15冠王者」の肩書で、スターダムに初来日した。WWEのメイ・ヤング・クラシックには2年連続で出場している。

■AMA

ありさの「A」と麻優の「MA」で「AMA（あま）」。この日、初めてプロレスを生観戦した宝城カイリは、AMAの華やかさに魅了されて、スターダム入りを決めたという逸話も。

《P228》

■はるか悠梨

スターダム三期生。入団前はグラビアアイドルやライターとして活動していた。2011年12月にデビューしたが、練習中の負傷が原因で長期欠場に入り、12月末に引退。その後、現役に復帰すると、スターダムのマットにも何度か登場した。

■宝城カイリ

スターダム三期生。大学時代はヨットの選手として活躍。デビューは2012年。自己プロデュース能力が高く、スターダム三人娘などで活躍。17年にスターダムを退団して、WWEに移籍。カイリ・セインとリングネームを改め、第一回メイ・ヤング・クラシックで優勝。18年現在、所属するNXTでも着実にポジションを築いている。

■翔月（しょうづき）なつみ

スターダム三期生。舞台で女子プロレスラーを演じたことがきっかけでスターダムに入団し、12年にデビュー。宝城カイリとタッグチーム「宝翔天女」を組んだ。負傷により13年8月、正式に引退した。

■安川惡斗

スターダム三期生。入団前は、女優・声優をしていた。12年2月デビュー、「川崎葛飾最強伝説」のメンバーになる。スターダムでは珍しいヒールレスラーで、大江戸隊の名づけ親でもある。15年2月の〝凄惨試合〟で負傷、同年9月に復帰したが、視力の回復が困難であったため、12月に引退した。

《P232》

・夕陽

中学生のころからキックボクシングをはじめ、11年にプロレスラーの日高郁人にスカウトされる。デビューは12年。新人時代からファイアバード・スプラッシュをはじめとする高度な空中技を使いこなすなど、高いプロレス・センスをうかがわせたが、高校卒業を迎えた14年3月に「新しくやりたいことが見つかった」として引退した。

《P236》
■5★STAR GP2012
名称は極上を意味する「五つ星」から。レッドスターズとブルースターズの2つのリーグに分かれて総当たり戦を行い、各々のリーグの優勝者でGP優勝決定戦を行う。初年度は12名が参加した。

■横尾由依
スターダム四期生。12年12月に後楽園ホールでデビュー。熱心なプロレスファンで、デビュー戦でヤシの実割りなどの技を繰り出した。13年5月に膝を負傷し長期欠場、そのまま引退した。

《P239》
■米山香織
1999年にJWPでデビュー。同団体のトップ選手として活躍。11年12月に引退試合を行ったが、試合後にテンカウントが鳴らされる最中に、突如、引退を撤回し物議を醸す。13年からはフリーとなり、スターダムに参戦中。

《P240》
■アルファ・フィーメル
ドイツ・ベルリン出身。身長185センチ、体重90キロという規格外のパワーファイター。01年にドイツでデビュー。12年10月、木村モンスター軍の一員として初来日。13年3月にはワールド王座も奪取した。17年にはジャジー・ギャーベルトのリングネームでメイ・ヤング・クラシックに参戦した。

《P242》
■吉乃すみれ
スターダム四期生。デビュー前は大食いアイドル、REINAのリングアナウンサーなどをしていた。13年2月、後楽園ホールでデビュー。5月に欠場し、そのままフェードアウトした。

《P246》
■スター・ファイヤー
メキシコ出身。2008年デビューの覆面レスラー。18年現在はメキシコのプロレス団体AAAに所属。

《P247》
■初日の出仮面
スターダムには14年3月に初参戦した。

■倉垣翼
1995年にJWPでデビューしたベテラン・パワーファイター。現在はフリーランスで活動中。

■彩羽匠（いろは・たくみ）
スターダム四期生。大学を中退して入団。13年2月、両国国技館大会で里村明衣子相手に破格のデビュー戦を飾る。15年2月、憧れの長与千種の団体「Marvelous」

に移籍。同団体のエースとして活躍中。

《Ｐ２４８》

■赤井沙希

父は元プロボクサー、俳優の赤井英和。モデル・タレント活動を経て、２０１３年８月にＤＤＴでデビュー。１７０センチを超える長身で、男子選手に交じって活躍。14年には女子選手として初のプロレス大賞新人賞にも輝いている。

《Ｐ２５０》

■ハドソン・インビィ

カナダ出身。２０１２年７月デビュー。スターダムには15年に初登場。大江戸隊の一員として、活動した。

■ヘイディ・ラブラス

アメリカ・ミシガン州出身。10年デビュー。15年に初来日しスターダムに参戦。16年、ＷＷＥと契約し、ＮＸＴ入り。リングネームをルビィ・ライオットと改める。17年にスマック・ダウンに昇格、女子のスーパースターとして活躍中。

《Ｐ２５１》

■コグマ

13年、中学卒業と同時にスターダムに入団し、同年11月にデビュー。小柄ながらも高い身体能力の持ち主で、15年2月には紫雷イオに勝利し、ハイスピード王座を獲得。その後の活躍が期待されたが、9月に一身上の都合で退団した。

《Ｐ２５４》

■愛星ゆうな

タレント活動を経て、13年にスターダムに入団。翌年1月にデビュー。15年3月に負傷や体調不良のためにスターダムを退団。その後、「まなせゆうな」に改名して復帰。現在は東京女子プロレスを中心に活動している。

■マリン・スパイク

コーナーに逆さ釣りにした相手の胸に放つ、ダイビングフットスタンプ。

《Ｐ２５７》

■チェルシー

アメリカ・カリフォルニア州出身。80年代に活躍したレスラー、ブライアン・ブレアーを叔父に持つ。12年にフロリダ州でデビュー。スターダムには15年に初登場、抜群のルックスでたちまちファンの心をつかみ、スターダム所属選手となった。

《Ｐ２５９》

■サンタナ・ギャレット

アメリカ・フロリダ州出身。09年に米のインディー団体ＣＣＷにてデビュー。デビュー戦でいきなり同団体の女子王座を獲得する。その後、アメリカのインディー団体で経験を積み、15年10月、スターダムＵＳＡツアーに参戦。同月末には初来日し、スターダムのマットに登場すると、ワンダー王座を獲得するなど活躍した。

■ミア・イム

アメリカ・カリフォルニア州出身。韓国系とアフリカ系のハーフ。２００９年にデビュー。11年に初来日し、ＲＥＩＮＡ女子プロレスに参戦。現在はＷＷＥ傘下のＮＸＴに所属。カイリ・セインや紫雷イオとしのぎを削っている。

■クリス・ウルフ

アメリカ・イリノイ州出身。英語教師として来日した際、女子プロレスのビデオを見て、プロレスラーを志す。14年にスターダムに入団し、大江戸隊の一員に。18年3月にスターダムを退団。その後はイギリスやアイルランド、北米のインディー団体を中心に活動中とのこと。

■松本浩代

06年デビュー。以来、どの団体にも所属しないフリーレスラーとして活動している。スターダムには11年5月に初参戦。日本マットきってのパワーファイターとして存在感を発揮した。18年にはＷＷＥの第二回メイ・ヤング・クラシックにも参加した（2回戦敗退）。

《Ｐ２６０》

■ＳＨＩＭＭＥＲ

アメリカ・イリノイ州を拠点とする女子プロレスイベント。05年に設立。「ＳＨＩＭＭＥＲ」は日本語で「きらめき」の意味。

■Ｓｈｉｎｅ

12年に旗揚げされた。フロリダ州に拠点を置き、月に1度、インターネット有料配信（ＰＰＶ）をしている。

第七章

スターダムの挑戦

~世界の女子プロレスの頂きを目指して~

新しい時代への歩み

スターダムは興行を重ねるごとに確実に変化と進化を遂げてきた。

三人娘が競い合うことは、ファンが待ち望んでいたこと。この三人娘と来日外国人たちの闘いがスターダムのスタンダードになっていく。

「5★STAR GP2015」の特別立会人として、WWEの殿堂入りを果たしたメドゥーサを招へいした。彼女は殿堂入りの受賞スピーチの最後に「オガワサン、ホントニアリガトウ」と私の名前を出してくれていた。これは何かの縁かもしれない。

メリッサにはメドゥーサとコンタクトを取るように頼んだ。話はすんなり決まった。アメリカン・プロレスで女子のレジェンドとなったメドゥーサとは、1995年のアメリカ遠征以来だから実に20年ぶりの再会だ。一度、メドゥーサとメリッサと京都の鞍馬山に出向いたことがあった。霊気やヒーリングに興味があるメドゥーサは、鞍馬山のガイドブックを持参していた。私は山登りの途中でリタイアしたが、2人は頂上までどんどん登って行く。鞍馬天狗発祥の地でメドゥーサはご満悦だった。ヨガのインストラクターもしていると言い、常にヘルシーでストイックなメドゥーサと久しぶりに長話をした。

10月になるとダーク・エンジェルことサラが自分のラストマッチをスターダムで行いたいと希望して来日した。この時点でWWEのトレーナーの仕事に就いており、アレナ・メヒコでのラストマッチを終え、事実上の引退試合を日本で敢行したいと言うのだ。2005年に初めて招へいしてから10年の歳月が経っていた。ラストマッチの対戦相手はイオが務めた。WWEは選手として何度もトライアウトを受けたが、トレーナーとして採用されるとは思いもしなかった。サラは後にWWE唯一の女性エージェントに昇格している（2019年1月現在）。

至宝である赤いベルトは宝城カイリがセンダイガールズの里村明衣子に明け渡し、それをイオが暮れに奪回した。安川惡斗は復帰したが、視力低下のために引退試合を行った。惡斗は「生え抜き初の引退試合」にこだわっていた。スターダムは何の前触れもなくリングを降りて行った選手が多かったから、惡斗はケジメを付けたかったのだろう。2015年はスターダムが生まれ変わった年。年頭は波瀾万丈だったが、年末には、ゆずポン時代と肩を並べるくらいの隆盛を取り戻した。年末のプロレス大賞では、イオがついに女子プロレス大賞を受賞。ここからイオは快進撃を続けていくことになる。

2016年はスターダムにとって安定した1年だった。

1月の5周年記念大会はイオvsカイリのカードがメインを張ったが、初来日の**バイパー**※が圧倒的な存在感を見せつけた。前年より外国人選手のブッキングを強化し、メリッサの北米ルートだけでなく、欧州ルートも開拓。その第1弾がバイパーであり、**ケイ・リー・レイ**※であり多くの逸材を発掘してきた。この年から周年大会後には選手&スタッフによる一泊の社員旅行が定番化した。その幹事は毎回、ジャングル叫女が務め、スターダムの宴会を仕切ってくれるようになった。

叫女は女子アマレスで有名な至学館大学を卒業すると青年海外協力隊として単身アフリカのセネガルに渡り、体育教師として2年間生活。2015年の夏に帰国すると、いきなり事務所に電話をしてきた。その日はちょうど夕方から新木場で大会があったので、そこで面接することにした。話を聞くと学生時代には陸上のハンマー投げでインカレ出場経験があるというので、その場で入門を認めた。当時のスターダムには若手と呼べる選手は**渡辺桃**※と**美邑弘海**※しかいなかったので、即戦力としても期待した。

渡辺桃は家族が大のプロレス・ファンで、中学3年の秋にデビュー。この頃はまだ少女らしい素朴な雰囲気で痩せていた。美邑弘海は舞台役者を経て、27歳でスターダムに入門。プロテストで鎖骨を折って以来、2度の手術を経て2年がかりでようやくデビューを果たした不屈の闘志の持ち主。この3人をルーキーズとして組ませて、三人娘を追いかけさせた。

また、この頃、スターダムの名前を広げるコラボレーションの機会があった。

前年の夏より、ももいろクローバーZの映像スタッフがスターダムのドキュメント制作のために密着取材をしていた。春先にももクロのイベントで提供試合をしてから、試合会場にはももクロの

バイパーはスターになる可能性を秘めた外国人選手。規格外のボディは迫力満点だ。

ファンも来場するようになり、スターダムのイメージアップにも繋がっていく。

「桃神祭」や「ももクリ」など大きな会場で開催されるコンサートにもスターダムは試合を提供。エコパスタジアムや幕張メッセ、日産スタジアムなどでも試合を行った。ももクロのメンバーはいつも笑顔、笑顔でライブを全力でやり切っていた。バックステージで垣間見た素顔も明るく、屈託のない笑顔が魅力的だった。三人娘も彼女たちの姿を見て、きっと刺激を受けたはずだ。

ももクロの映像スタッフが撮影したスターダムのドキュメンタリー番組は、フジテレビの地上波放送で、深夜帯とはいえ1時間の枠で放送された。ナレーションはももクロの高城れにが担当。スターダムの魅力が詰まったすばらしい作品となった。

美闘陽子の復帰

「小川さんに会わせたい人がいる」

2月中旬、ゆずポンから久しぶりに連絡があった。

やけにもったいぶった言い方が気になったが、約束の時間に事務所に姿を現したのは美闘陽子だった。なんでも、ゆずポンが声を掛けてワッキーや麻優と食事をしている席に美闘を呼んだという。美闘はフリーとして現役復帰を決めており、その報告をしたかったそうだ。ゆずポンは「復帰するならスターダムしかない」とアドバイスし、そのまま事務所に連れてきたのだ。美闘と会うのは3年半ぶりだった。本人は躊躇していたが、善は急げとばかりにその場で復帰を約束させた。

4月のシンデレラ・トーナメントにサプライズで登場し、6月に復帰する青写真を描いた。若さゆえ悩み、なんの前触れもなく去って行った選手は多いが、それは仕方ないことでもある。言うに言えない事情だってある。美闘は団体創設時のエース候補、この復帰は嬉しい話だった。イオ、麻優、カイリと並んで、スターダム四天王時代がくるかもしれない。私は美闘のために亀戸にアパートを借りた。プロレスに専念できる環境を与えようと思ったのだ。

シンデレラ・トーナメントは麻優が2年連続優勝した。プレゼンターのゆずポンの呼びかけで美闘がリングに戻ってきた。声援が美闘に集中したため、シンデレラ麻優は複雑な表情を浮かべていた。いくら一期生の同期であっても、歓声は独占したいものなのだろう。

CACの総会で憧れのレジェンドに会う

4月になると三人娘を連れて渡米した。ロサンゼルス→ラスベガスと周る。ロスでは話題になっていた**ルチャ・アンダーグラウンド**※の収録に参加する。これは従来のプロレス興行ではなく、公開収録に近かった。番組はドラマ仕立てのストーリーにプロレスのシーンを乗せた作りで、応募抽選に当たったファンが観客として参加。巨大な倉庫をスタジオにしており、中には衣装部屋やケータリングのスペースまであった。

イオはここで憧れのレイ・ミステリオ・ジュニア※と遭遇した。ペンタゴン・ダーク（セロミエド）と三人娘は次々に一騎打ち。カイリや麻優が敗れる中でひとり勝つ場面をつかんだ。イオは2階から場外のペンタゴンにダイブを敢行し、会場中から「オーサム！」の大合唱を受けた。

AAAのドリアン・ヨルダン代表がVIP席で観戦しており、私は部屋に呼ばれて軽く雑談した。これまでAAAとは縁がなかったが、ルチャ・アンダーグラウンドはAAAから主力選手を派遣されて成り立っている。そういえばスターダムのアメリカ遠征の時にルチャ・アンダーグラウンドのプロデューサーが視察にきていたが、彼らにとってスターダムと絡むことはかねてからの念願だった。この時は自らもマリポーサなるマスクを被って出演していたメリッサのブッキングによるものだ。私はメリッサの顔を立てるために出演に応じたのだ。そのメリッサの意向でラスベガスで行われたCAC（カリフラワー・アレイ・クラブ）の年次総会にも三人娘を帯同して参加した。

メリッサは長くサンフランシスコに住んでいたが、物価が安いという理由でラスベガスに引っ越してきたばかりだった。その住まいは高層マンションで、だだっ広く、都心部だったら家賃100万円くらいはかかりそうなほど。メリッサの旦那のジェイソンはやり手のビジネスマンで、大手映画会社の作品を配信する仕事をしているとか。メリッサは仕事を選びながら好きなプロレス

三人娘をともなってのラスベガス。CAC の総会では、憧れのレジェンドたちに遭遇。スターダムと駆け抜けてきた６年、久々の休暇を味わった。

を続けている。生活に余裕があるから大らかな人生を楽しんでいる。CACはアメリカのレジェンドプロレスラーが集まる、プロレス版名球会のようなもの。ちなみにカリフラワー・アレイとは潰れた耳のことだ。3日間にわたり、ホテル内でプロレスの大会やレジェンドの表彰式や懇親会が開催された。私たちはあのテリー・ファンク夫妻と一緒のテーブルとなり、ディナーをともにした。

会場にはザ・デストロイヤーをはじめ、リッキー・スティムボート、ポール・オンドーフ、ケン・パテラ、ボビー・ヒーナン、グレッグ・ガニア、ジム・ブランゼル、ジェリー・ブリスコなどそうそうたるレジェンドが揃っていた。私は少年時代を思い出し、ウキウキした気分になった。私がプロレスに夢中になり始めた60年代から70年代に活躍した選手たちは、大半がもうこの世にはいない。その意味でテリーは永遠のアイドルである。私が憧れたロス在住のカメラマン、ダン・ウエストブルック氏も来場しており、初めて挨拶を交わすことができた。かつては毎号のように彼の撮影したマスカラスの最新写真が〈ゴング誌〉に掲載されていた。私もいつかは海外特派員になりマスカラスを取材したいと夢を見させてくれた人だ。私にとっては伝説のカメラマンだったのだ。

またメリッサの配慮で元WWEのディーバの**トリッシュ・ストラタス**※と特別に対面させてもらえた。ラスベガスの夜は別世界そのものだった。広いアーケードの天井には様々な映像が映されており、街はまるでカーニバルのような華やかさ。ホテルのロビーにもスロットマシンやルーレットが並んでいる。ここにきたら適当にギャンブルをして、遊び歩きたくなる衝動に駆られる。メリッサ

CAC の総会でザ・デストロイヤーと対面（ダン・ウエストブルック氏撮影）

WWE の元ディーバのトリッシュ

の知り合いが我々のリクエストに応えてストリップに連れて行ってくれた。麻優とカイリはキャッキャしながら、ダンサーにチップを渡していた。スターダム旗揚げ以来、こんなにリラックスできたことはなかった。

アイスリボンとの決別

帰国後、アイスリボンの佐藤社長から連絡があった。アイスリボンの10周年記念大会でベストフレンズ（藤本つかさ&中島安里紗）とサンダーロック（紫雷イオ&岩谷麻優）のカードを組みたいと言う。

私たちは秋葉原の喫茶店で会い、2日間にわたって何時間も話し合った。私はそれが旬のカードなら実現させたいと思っていた。以前、愛川ゆず季&美闘陽子vs華名&栗原あゆみというカードの実現に向けて動いたことがあったが、不発に終わっていた。話題性があるならやってもいい。

まずは試合会場にきてほしいというので、サンダーロックを伴って乗り込んだ。イオ&麻優がリングに上がると、予想を超えたブーイングが浴びせられる。

「ここはお前らがくるところじゃない！　帰れ！」

嫌悪感に満ちた罵声が飛び交う。ある程度、アウェイ感の中で試合をすることは覚悟していたが、ここまでとは思わなかった。雰囲気がかなり閉鎖的だ。麻優などは初めてブーイングを受けてびっくりしていたほどだ。

だが、結局、この交流戦は実現しなかった。対戦カードを発表する寸前に、明らかな約束違反があったのだ。佐藤社長と話し合ってきた内容と明確に違う。話の行き違いというレベルではない。私は40年間もこの仕事をしているが、土壇場で話が変わったことは初めてだった。

後日、私は別件でアイスリボンの事務所を訪れ、佐藤社長とこの件について協議した。

その場には藤本つかさがおり、私たちの話を聞くとこう言った。

「お互いに言い分が違いますね。これはまとまらないですよ」

「話の行き違いではなく、明らかに違う話に変えてきている。これでは話にならない」

言い分がどうというレベルではないのだ。詳細は明かすわけにはいかない。どんな仕事にも第三者には話せない機密事項がある。ただ、決めた約束を反故にするのはあってはならないことだ。妥協する手はないわけではなかったが、スターダムのポリシーを曲げてまで交流戦をやる必要はない。

そもそもスターダムの基本姿勢は団体内部でダイナミックなドラマを作っていくこと。団体に見返りのない交流はしない。いまの女子プロレスは交流ありきで成り立っている団体がほとんどだ。女子プロレス団体の意義は、どれだけ生え抜きを誕生させて、スターを育成できるかだと思う。

プロレスはよく信頼関係が大事だという言葉があるが、このアイスリボンの一件はそんな次元の話ではなく、約束を反故にする間抜けな話だった。だから、スターダムはアイスリボンとは関わらない。

スターダム欧州上陸！

5月下旬には念願のヨーロッパ遠征を行った。

メキシコのプロモーターであるマヌエル・フローレスが間に入り、スペイン、フランス、イギリスのプロモーターに連絡して、このツアーは実現の運びとなった。

私はこの機会に各国のプロモーターが結集したアライアンス（プロレス同盟）を設立し、ヨーロッパ遠征を記念するチャンピオン・ベルトを新設した。これはかつての**NWA**※のような組織をイメージしたもので、スターダムを中心に世界を回そうという狙いを込めた。フロントのバックルには〝Undisputed〟という文字を入れた。これは〝議論の余地もない〟を意味する単語で、世界最高権威を謳った。正式名称はSWA（スターダム・ワールド・アライアンス）世界王座とした。

スペインのバルセロナで、日本、米国、メキシコ、英国、フランス、ドイツ、スペイン、オーストラリアという8ヶ国を代表する選手を集めて争奪トーナメントを開催した。

決勝は日本代表の紫雷イオとオーストラリア代表の**トニー・ストーム**※。将来はWWEにいけそう

トニー・ストームとは、ヨーロッパ遠征で初遭遇。前評判通りの実力だった。

だと評判の高かったトニーのプロレスは、懐かしのブリティッシュ・レスリング。50年前に初めて見たビル・ロビンソンを彷彿とさせる基本に忠実なマットさばきに私は唸った。とくに動きの止まらないグランド・テクニックは見事だ。闘いは接戦だったが、最後はイオがムーンサルトを決めて初代王者に君臨した。彼女こそ私が求めていた理想の外国人女子レスラー。私は早速、トニーと話し、スターダム参戦を決めた。

この遠征には週刊プロレスの成川記者にも同行してもらった。成川記者は編集長にかけあってくれ、三人娘がサグラダファミリアをバックにポーズを取った写真が〈週プロ〉の表紙に抜てきされた。〈週プロ〉は、このヨーロッパ遠征を3週にわたり、都合10ページ以上も掲載してくれた。広告費に換算したら相当な金額になるだろう。決してギブアンドテイクではなく、扱うに相当するから表紙にもなり、大会の詳報が載ったのである。マスコミとの関係はツーカー、阿吽の呼吸もあるが、題材に価値が無ければならないと私は感じている。

ロンドンではまるで酒場のような会場で試合をしたが、現地のプロレス熱はすごかった。たった20分間のサイン会でポートレートとツーショットが飛ぶように売れた。いずれも1枚100ポンド（当時のレートで1700円）と高額だったが、欲しいものにはお金を惜しまないファン気質はありがたいものだった。

6月になると美闘の復帰戦が待っていた。その対戦相手には宝城カイリを選んだ。やはり勝てそ

イギリスの試合会場は酒場のような独特な雰囲気。イオが登場すると歓声が上がる。スターダムのプロレスは、ヨーロッパでも間違いなく通用すると思った。

うな相手よりも、注目されるカードにした方がいい。

ところが復帰戦を翌日に控えて美闘から悲痛な連絡が入る。

「ギックリ腰で立てないし、歩くこともできない……」

慌てて美闘をリングドクターを務める久富先生の病院に連れて行った。美闘は一度リングを離れたが、その原因は首や腰の負傷だった。古傷が再発したのだ。筋肉注射を打ち、ひとまず痛みは収まったが、試合直前にも再度注射を打つことに決めた。スターダムでは、あの世Ⅳ虎vs惡斗戦以降、状況が許す限りドクターを会場に帯同している。そうすることにより、早い対処ができるし、その後の処置も適切になるからだ。

復帰戦のリングには、負傷の影響を感じさせず、表情豊かで生き生きした美闘がそこにいた。約4年ぶりの試合だったが、美闘のオーラは変わらず、むしろ輝きを増しているように感じた。おっとりした性格の美闘と、何事にも無我夢中で取り組むカイリはまったく違う個性だが……まずは美闘の復帰を選手の間で認めさせなければならない。だから、かつて同じユニットの後輩だったカイリと対戦させたのだ。先輩だった選手が急に戻ってきたら、誰だって違和感を持つ。ならば、まずは美闘と試合をして認め合うしかないのだ。

試合後、4年間のブランクを埋めるに十分な涙と笑顔をそこに見た。私はこの2人を連れ、タイのバンコクに撮影旅行にも行った。海外の地は一緒にいるだけで、心が繋がるものだ。違うカル

復帰戦のリングで力強いレスリングを披露する美闘陽子。去る者は追わず、来る者は拒まずの精神だが、一期生の復帰はやはり嬉しいものがある。

チャーを共有することで気持ちはひとつになっていく。

頼もしいスタッフの参加

スターダムは6年目で初のエディオンアリーナ大阪大会を開催した。

エディオンアリーナは、かつて大阪府立体育会館の名称で親しまれた、大阪におけるプロレスのメッカ。全女時代は第一競技場で当たり前のように興行をしていたが、今では第二競技場でさえ大箱の扱いになってしまう。

レフェリーのバーブ佐々木が大日本プロレスの両国大会に出場するため、大会を欠場した。マイクロバスの運転手もみつからない。

私は思い切ってW-1でレフェリーをしている村山大値に連絡して、バスの運転とレフェリーを依頼してみた。村山とはアルシオン解散以来だから、実に13年ぶりに仕事をする。その間に村山はZERO ONE→全日本プロレス→W-1と渡り歩き、現場スタッフ兼レフェリーひと筋でやってきていた。

大阪大会はイオvsトニーのSWA世界選手権をメインに、カイリvsバイパーの白いベルト戦、麻優vsシャナのハイスピード戦の、日本人vs外国人による3つのタイトルマッチと、スターダムならでは、のカード編成。村山はえらく感激したらしく、大会後1ヶ月も経たないうちにスターダムに入りたいと言ってきた。村山は生真面目で融通が利かない頑固者というイメージがあったが、いろいろな団体で揉まれてどう変わったのか。スターダムにはオフィシャルのレフェリーが存在しなかったから、これも何かの縁かなとも感じた。

その少し前にはJDスターで代表経験もある竹石辰也もスターダムで仕事がしたいと言ってきた。竹石さんは精神的にデリケートな部分があったが、あれから相当な年数が経過している。現場のフロント周りの仕事を任せることにした。

振り返ると旗揚げから私が一人で何でもこなしていたのだから、我ながらよくやっていたと思う。団体がここまできたのは私の手柄だが、ここまでしかこられなかったのは私の責任。団体を大きくするには一人では限界がある。一つ一つの分野を特化させていけば、売上は必ず上昇していく。スターダムを飛躍させるために、2人の力は必要だと思った。

WWEからの連絡

秋口になって、私の携帯に一本のLINEが入った。

相手はあの世界一のプロレス団体、WWEの関係者だった。

「イオとスターダムの間にはどんな契約があるのか？　ＷＷＥから直接、連絡を取っても構わないか？」というような内容だった。つまりＷＷＥがイオを欲しいと言っているのだ。

私はイオを事務所に呼んで、この旨を伝えた。イオは世界で勝負したい気持ちがあると言った。

これは私の方針だが、選手に対して過度の束縛はしない。去る者は追わず、来る者は拒まず。選手が辞めたいと言えば、無理に引き留めることはなく、理由や意図を確認して方向を決める。

ただし、環境や給料などの待遇面が辞める理由にならないように、スターダムでは他の団体に負けないように整備してきた。そうすれば、少なくとも国内の他団体に目を向けることはないはずだ。

しかし、相手がＷＷＥとなると話は別だ。団体の規模そのものが違うから比較にならない。

スターダムで見る夢は、選手やフロント、ファンなどみんなで作り上げていく夢だ。一方、ＷＷＥは上場企業であり、プロレスというジャンルを超えたエンターテイメント産業。行きたい選手がいれば止めはしない。自分の責任で行けばいいんじゃないかと思っている。

イオに話した時点で、イオがスターダムを去ることは時間の問題だと感じていた。イオは状況に進展があるとまめに報告してくれた。私はそれにともないスターダムの進む方向性を考えていった。

11月の新宿ＦＡＣＥでスターダムのユニット再編成に繋がるインパクトがあった。

1年前に家庭のトラブルでプロレス生活から離れていた、はづき蓮王が※**HZK**と名前を変えてイオのサプライズ・パートナーとして復活したのだ。彼女は16歳でスターダムに入門したが、セコン

電撃復帰したHZK（左）はクイーンズ・クエスト入り。18年12月現在は大江戸隊に加入し、リングネームも葉月に戻し、心機一転、暴れ回っている。

ドに就いている時に夕陽の場外ケブラーダをまともに受けてしまい鎖骨を骨折。同期のコグマからはかなり遅れてデビューした。デビュー後は世Ⅳ虎のパートナーとして、小型版の世Ⅳ虎とでも評したくなる荒々しさで頭角を現した。だが、夏休みに帰省した際、家族の問題で東京に戻ってこれなくなったのだ。

ＨＺＫの登場はセンセーショナルだった。イオが麻優に三下り半を突き付けてサンダーロックは呆気なく解体。イオのもとでＨＺＫが復活し、渡辺桃までが新ユニットに加わり、クイーンズ・クエストが新たに誕生した。

年末の後楽園大会では、テレビ朝日の「スカウちょ！」という新春番組の企画で、鈴木奈々と脊山麻理子の両タレントがプロレスデビューをする運びとなった。スタジオ収録でプロレスデビューが決まってからデビュー当日まで、わずか2週間しかなかったが、イオとカイリを対戦相手に決めて、短期集中でプロレスの手ほどきをした。

売れっ子の鈴木奈々はたった3日間しか練習時間が取れなかったが、その集中力は流石だった。脊山麻理子はプロレス好きだったようで比較的時間が取れたが、彼女はなかなか気難しい人で土壇場まで出場をめぐってモメてしまった。一度、サムライTVの生番組に出た後で、イオと2人で説得に出向いたこともあった。彼女は精神的にデリケートな面があり、あるプロレスラーに恐怖心と抵抗心を抱いたのが原因だった。

それでもなんとか試合にはこぎつけたが、舞台裏は大変だった。その日はスターダムの年内最終戦で、イオは赤いベルト戦、カイリはゴッデス挑戦というタイトルマッチが決まっていたから、その試合の前にタレント相手に戦うことにネット上では批判が起きていたのだ。

「タイトルマッチを控えているのに、タレントと絡むなんてふざけている！」

「お遊びのプロレスでタレントをリングに上げるな！」

など、ネット上には手厳しい言葉が並んだ。だが、実際に会場に足を運んだ観客は、目の前で起きている状況を楽しんでいた。この温度差はいつも感じることだ。私たちにとって重要なのは、会場に足を運んでくれるファンなのだ。

試合が終わると、鈴木奈々も脊山麻理子も感動して涙を流した。きっとこれから彼女たちは色々な場面でプロレスの素晴らしさを語ってくれることだろう。芸能人を巻き込むことはプロレスの認知度を上げる手段の一つなのである。

師走の忙しい中、麻優が事務所にきてとんでもないことを言い出した。

「トリマーになりたいから、専門学校に入るのでプロレスを辞めたい」

たしかに麻優は動物が好きで、犬や猫を何匹も飼っている。しかし、それが飛躍してトリマーとは……。

「わかった、わかった。でも学校で勉強するのは大変だぞ」

私はとりあえずそう言ってかわした。麻優の〝心変わり〟は毎度おなじみのことだ。突然色々なことを言い出すが、それが長続きしたためしはない。彼女にとってプロレスは〝天職〟なのである。プロレスが麻優の人生を大きく変えたのは事実だし、プロレスをしている麻優はイキイキしている。それは誰よりも麻優自身がわかっているはずだ。

今回のトリマーもいつもの気まぐれだったらしい。しばらくすると麻優はトリマーのトの字も口にしなくなった。年の瀬に降って湧いたこの話は、笑い話になったのだ。

宝城カイリもＷＷＥへ…

２０１７年は変動の年となった。

１月の６周年記念大会は、イオvsバイパーの赤いベルト戦をメインに、ゴッデス王者のＢＹ砲（美闘陽子&宝城カイリ）にケイ・リー・レイ&**ニクソン・ニューウェル**[※]が挑戦した。この頃にはすっかり欧州勢がスターダム外国人選手の中心になっていた。

イギリスはアメリカ以上にプロレスが盛んで、無数のプロモーションが存在する。未だ見ぬ選手の宝庫にもなっているのだ。恒例となった周年大会後の社員旅行は、福島県にあるスパリゾートハワイアンズだった。みんなで宴会をしたりカラオケをしたり、日頃の労をねぎらう。ＧＰＳプロモーション所属の小波がレギュラー参戦となり、渡辺桃が練習中に膝を怪我して長期欠場に入っていく。

2月になるとカイリが話をしたいと事務所にやってきた。

WWEと契約をしてアメリカに行くため、スターダムを退団したいという。

カイリのWWE入りの話は、イオとは別ルートで同時進行していた。関係者から「カイリはWWEのトライアウトを受けたらしい」という噂を耳にしていたので、さほど驚きはなかったが、本人の口からWWEの話を聞いたのはこれが初めてだった。

行きたい者に対して、ああだこうだ言うつもりはない。契約うんぬんの話ではなく、私にとって重要なのはその選手がスターダムにいるのかどうかだ。カイリとはその日、6時間にわたって話し合ったが、最後は健闘を期待して送り出すことにした。美闘も口癖のように「長くはやらないです」と言っていたが、みんなそれなりの年齢になっていたから、ある意味で仕方のないこと。未来を考えた時にそれぞれが、どんな決断をしていくのか……女子レスラーは危うい商品でもある。それはいつの時代も同じで、この危うさや儚さがファンを夢中にさせるのだ。花は散り際が美しいし、散り際を見失うと徒花《あだばな》になってしまう。

そんな女子プロレスラーを相手に40年以上も仕事をしているが、絶対の関係を継続していくのは極めて難しい。それでは団体はどう運営すればいいのか。答えは極めてシンプルだ。次々に新しい選手を育成して、スター候補を量産していく。私が育った全女のように常に旬の選手を前面に出して、若さを売り物にする。だから、気を抜くことなく根気良く育成に努めねばならないのだ。

グラン・アパッチェの遺言

イオは3月にデビュー10周年を迎えたが、記念大会の後に渡米。フロリダ州オーランドにあるNXT※のパフォーマンス・センターに行き、WWEと接触を持った。

4月になるとイオ、カイリはメディカル・チェックのために渡米した。水面下では2人のWWE入りは公然の事実となっていた。カイリは順調に話が進み、5月6日の新木場大会の試合後に「長い旅に出る!」と発言し、スターダム退団を表明した。

そしてスターダム所属として最後の大会が6月4日の新木場だった。

彼女は究極の八方美人だから、どこに行っても多くの人に愛され、失敗しない人生を歩むに違いない。2015年2月のあの事件以降、選手会長としてスターダムの精神的な支柱を務めてくれた。誰よりも向上心が強く、欲張りだから小さな体でやり切ってきたのだ。

一方のイオはメディカル・チェックで引っかかってしまい、同時期のWWE行きは見送られることになった。イオは相当なショックを受けた様子で、故障箇所の手術を含め、約2ヶ月間の欠場を余儀なくされた。

カイリ、そしてイオだっていずれはWWEに行くだろう。美闘も引退を示唆しているし、スターダム四天王構想はたった1年で終わりを迎えた。

それでも私は運が強い方だ。アクトレスガールズでデビューした中野たむ※がフリーとなり、スターダム参戦を希望しているという話が舞い込んできた。あまり印象がない選手だったが、大仁田厚の興行にレギュラーで出ていて〝電流爆破マッチ〟をやったことは知っていた。週刊プロレスの成川記者は中野たむをべた褒めしていたから、スターダム参戦はきっとよい方向に向かって行くと思った。フリーでスターダムに参戦し、大江戸隊のリーダーとして活躍していた花月にもスターダム入団の意思が出てきた。花月のお母さんは人懐っこい人で、よく連絡をもらっていた。食事を一緒にした際には花月のスターダム入りの気持ちが固まっていると言っていた。

ちょうど6月に入ったあたりか、私の携帯電話にマリー・アパッチェから一通のメッセージがきた。そういえばアパッチェ姉妹の父親であるグラン・アパッチェことマリオが癌で亡くなったというニュースは知っていた。

スペイン語で書かれたメッセージはこんな内容だった。

「娘のナツミ※を日本でプロレスデビューさせて欲しい。パパからの遺言で連絡しました……」

マリーには2人の子供がいて、ナツミの存在は知っていた。2007年5月にメキシコ旅行に行った時に私の宿泊するホテルに、マリーが連れてきた記憶があった。あの時はまだ小さな子どもだったが、もう14歳になったという。私の頭のどこかにナツミの名前がインプットされていたのは確かで、マリーに会うたびに「ナツミはどうしてる?」と聞いていた。これも何かの縁かもしれないと直感し、久しぶりにマリーに電話を掛けたのだ。

マリーはナツミを日本に呼んで欲しいといった。だから早速、パスポートのコピーを送ってもらい日本行きの手続きをした。7月に入り成田空港に迎えに行ったが、マリーしか姿を見せていない……なんでもナツミは出発の日に食当たりになり、病院に入院したという。マリーは1週間後にメキシコに戻り、ナツミを連れて再度やってきた。

14歳になったナツミは日本語を勉強中であり、同時に英語も習っている。スペイン語も合わせて、トリリンガルの賢い子だった。何より勉強が大好きだというナツミがなぜ、プロレスラーを目指すのか? 祖父で父親代わりだったマリオの死により、ナツミからプロレスをやりたいと言って出たそうだ。マリオは病床の時点でマリーには、ナツミがプロレスラーになることを望み、日本で私の元でデビューさせたいと遺言を残していた。マリーはシングル・マザーとしてルチャをしながら、2人の子供を育ててきたが、ナツミは日本で暮らしたい、メキシコには戻りたくないという。まあ私が父親代わりで面倒を見ることになったのだ。私は以前、美闘が住んでいたアパートを親子にあてがい、日本で生活させることに決めた。

宝城カイリ、MYCで優勝！

WWEでは32名の女子レスラーを集め、メイ・ヤング・クラシック（MYC）が開催された。メイ・ヤングとは1950年代に活躍した米国女子プロレス界のレジェンド。殿堂入りも果たし90歳まで生きた。アメリカでいう伝説の女子レスラーで**ミルドレッド・バーク**※、**ファビュラス・ムーラ**※と並ぶ存在だった。

このトーナメントではカイリが優勝したが、出場選手は準優勝したシェイナ・ベイズラーをはじめ、トニー・ストーム、バイパー、アルファ・フィーメル、サンタナ・ギャレット、ケイ・リー・レイ、テッサ・ブランチャードなどスターダムが招へいした選手ばかり。マスコミは影で「まるでスターダム・トーナメントじゃないか」などと称した。

スターダムがやり続けたことをWWEが形を変えてスタートさせた。スターダムの後追いのような企画だが、やはりWWEのダイナミックなスケールには到底敵わない。それでも私はどこかで得意げになっていた。私もオリンピック・イヤーの2020年の夏には、32名を集めたトーナメントを開催したいと考えている。

海外進出は果てしない夢だが、これを正夢にしなくてはならない。

なかでもアジアのマーケットには足跡を残したいものだ。

IGF（現・東方英雄伝※）の招きで3度ほど上海に出向いたことがあるが、途方もない人口を抱える中国やインドは誰もがつかみたい市場である。

親日家の多い台湾でも大会を開催した。これは台湾の大手家電メーカーTECO社がスポンサーとなり実現したものだ。台北の渋谷のような若者の街で600名の観客を集めたが、まるでアメリカのファンのようなノリで熱狂してくれた。10月には単身、メキシコに渡りAAAの事務所を表敬訪問。一軒家のような事務所ではドリアン代表、そしてマリセラ・ペーニャ社長が笑顔で迎えてくれた。AAAはかつてCMLLでらつ腕プロデューサーだったアントニオ・ペーニャ氏が設立した団体。様々なキャラクターを生み出し、TV放送とリンクしてメキシコ随一の勢力を作り上げた。CMLLがトラディショナルなルチャを守る王道ならば、AAAはメキシコ版のWWE的な存在。キャラクターを重視した展開で歴史を築いてきたのだ。

長らく地上波のテレビサ（メキシコ‐スペイン語圏最大のテレビ局）で両団体を放送していたが、今ではAAAのみが独占している。何がすごいって創立者の故アントニオ・ペーニャを今でも崇拝している点だろう。事務所には大きな額に入ったアントニオ・ペーニャの写真が飾られているし、リング上にもその革新的な精神が生きている。私もいつの日かリタイアする時がやってくるが、スターダムをみんなで継いでもらい、ペーニャ氏のようにいつまでも語られる存在になりたいものだ。

大盛り上がりを見せた、スターダム初の台湾大会

筆者もリングに上がって挨拶、歓声を浴びた。

12月には、これまた単身でロスに向かい女子イベントRISEのショーを視察した。ケビン代表が空港まで迎えにきてくれ、双方の未来を語りあった。やはり女子だけのイベントは気になるもの。そのシステムを見ることも刺激になるし、楽しいことだ。

私はロスまで行ったその足で、オーランドに渡り、NXTで頑張っているカイリに会いにいった。彼女は自家用車を運転して、空港に迎えにきてくれた。宿泊先を決めていなかったが、急きょカイリ宅に泊まることになった。私がくるので有給休暇をもらい、次の日の練習を休んだという。その日は午前3時までお互いの近況を報告しあった。アメリカでの生活は開拓者のカイリには打って付けだったと思う。彼女の旺盛な好奇心はすべてを成功に導いている。悩みや辛いこともあるだろうが、WWEでやり抜こうというパワーでみなぎっている姿を見て安心して帰国したのだ。

このアメリカ訪問では、**坂井澄江**※のサポートで**ROH**※と提携することも決まった。ROHは選手兼フロントのデリリアスが仕切っていて、その下に何人かのエージェントがいるシステム。新日本プロレスでお馴染みのコーディやヤング・バックスら人気選手のホームリングでもあり、観客の80パーセントはバレット・クラブのTシャツを着ていた。バレット・クラブはすっかり神格化されているのだ。

また31年ぶりにマジソン・スクエア・ガーデンを見ることができたのは感動的だったが、大雪のため通り過ぎただけ。PPV↓TV撮りが2日間のセットになっていて、あのECWアリーナにも足を運んだ。この時、岩谷麻優がサプライズで登場すると、客席から歓声が上がった。スターダムがやってきた活動の成果が出たと思った瞬間だ。

スターダムにはROHの女子部門WOHを活性化させる役割がある。WOHはまだレベルが高くないので改善点は多々あるが、アメリカ人の感覚を理解するのは簡単ではない。アメリカには女子プロレスの長い歴史はあるが、それは男子のプロレスがあってのものという意味合いが強い。やはりWWEに行かない限り、生活の基盤を作るのは難しいのだ。

それでもアメリカという世界最大の市場で認められたい。利益を追求したい。これはきっと永遠のテーマなのだ。

さらば、美闘陽子

2017年12月、美闘陽子が引退した。

復帰してから1年半、31歳になった美闘は結婚を選択した。

引退試合という忘れ物を取りにきたようにリングから降りて行った。

引退試合は美闘の希望の一つである里村明衣子を対戦相手にし、パートナーには白いベルトを賭けて死闘を演じた彩羽匠を指名。里村にはトニー・ストームをパートナーとして結び付けた。大会には里帰り中のカイリも姿を見せて、美闘らしく最後は笑顔で引退のテンカウント・ゴングを聞いた。

試合はトニーが必殺のストロングゼロ（高速のドリル・ア・ホール・パイルドライバー）で美闘からフォールを奪ったが、タイムは13分強。何か物足りなさを感じたが、本人は爽やかな表情をしていた。後からわかったことだが、この時点で美闘のお腹には新しい命が宿っていたのだ。だから引退試合を無事に終えることが重要だったわけだ。

美闘を初めて見た時に閃いたスターダムの原型は、どんどん進化している。創立者の一人である風香も結婚→妊娠でスターダムから離れることを決めていた。風香はGMという名前が付いていたが、これはあくまで通称であり、会社の実務にはあまりタッチしておらず、いわば遊軍のような立場で自由に活動していた。内部事情がわからない一部のファンは、風香が辞めたらスターダムは潰れてしまうといった妄想を抱く者もいたようだが実情は違う。プロレス団体はそんなにヤワいものではない。イオがいつアメリカに渡るのか想定できない状態が続いていたが、成るように成る。これが私の本音だった。

鹿島沙希の復帰

スターダムは２０１７年から翌年にかけて多くの選手が姿を消していった。

２０１７年６月に宝城カイリ、12月に美闘陽子、２０１８年３月に美邑弘海、クリス・ウルフ、風香、６月に紫雷イオと実に６名がいなくなったのである。つまり２０１５年に三人娘の時代になってから、３年後にはまったく形が変わってしまったのだ。

これは女子プロレス団体では極めて異例な事態だ。よく言えば新陳代謝が活発だが、その反面、ファンは特定の選手をじっくり応援できないというマイナス面もある。

旗揚げから８年、30人を超える新人を輩出してきたが、継続しているのは岩谷麻優のみ。それでも美闘のように４年ぶりに復帰した例もある。そしてまた２０１８年２月には二期生だった鹿島沙希が５年ぶりに戻ってきたのだ。２０１７年12月にイオから「会わせたい人がいるので事務所に連れて行きます」と連絡があった。会わせたい人＝復帰したい人に繋がっていく。私が想像するのは２名だけ、星輝ありさと鹿島沙希しかいなかった。だから沙希が事務所に顔を出した時は、驚きはしなかった。

沙希から当時の話を聞くと、ストーカーまがいの選手に悩まされて、逃げるように島根に引き上げたそうだ。その者は異常なまでの執念深さで追い回し、あんなにプロレスが大好きだった少女の気持ちを木っ端微塵に砕いたのだ。沙希はこの５年間、いつだってプロレスがやりたくて仕方なかったという。しかし、その選手がいまでもスターダムと繋がっているんじゃないかと疑心暗鬼になり、その道を閉ざしていた。

「今のスターダムは全然違うから……」

そうイオから聞いて、再びスターダムでプロレスをやることを決意。私は以前、沙希と話している最中に怒ってペットボトルを投げつけたことがあったが、本人はまるで覚えていないそうだ。生半可な返事をした沙希に「話す時は人の顔を見ろ！」と怒ったのである。いろいろな辞め方をした選手がいたが、沙希のことは気になっていたから復帰の話は嬉しいことだった。沙希には失われた5年間を取り戻して欲しい。

未来のエース候補との運命の出会い

2018年2月に入ると一通の封書が届いた。

事務所にいた村山が中を確認すると履歴書だった。

「写真を見ると背も高いし、いい顔をしています」

改めて履歴書を見ると、名前の欄に**林下詩美**※と書いてある。はやしした……この苗字はあの家族と同じだ。保証人の欄には、母親らしき名前があったがあの元嫁と同じ。やっぱり、ビッグダディの三女の詩美だった。

私はテレビ朝日で放送されていた「痛快！　ビッグダディ」を毎回録画してＤＶＤに保存するほど、この家族には興味があった。ＴＶを見るにつけプロレスをやらせたい女の子がいたが、それこそ履歴書を送ってきた詩美その人だ。まさか、気になっていた女の子がスターダムに飛び込んでくるとは。

これは偶然だが、必然でもあり、運命なのかもしれない。

私は録画してあったＤＶＤを探して見直した。中学生時代から４年が経っているので、履歴書の写真は別人のように成長しているではないか。柔道の経験者。そういえば家の中で柔道大会を繰り広げていた映像を見た記憶がある。３月４日の新木場大会にくるように伝えたが、実際に会った感じはとてもクールであまり笑わない印象だ。「ビッグダディの娘ということを利用しても構わない」と不敵な雰囲気を出していた。

履歴書には〝入寮希望〟と書かれていたが、彼女はすぐに住む家が必要だった。詩美は本当にプロレスが好きなようで、暇さえあればサムライＴＶでプロレス中継を見たり〈週刊プロレス〉を熱心に読みふけっている。

私は詩美の売り出し方を考えた。入門と同時にビッグダディの娘であることを公表するべきか、それとも様子を見て決めるか。やはり話題性は大事であるが、それ以上にプロレスの基礎を学ぶことが先決だ。

練習の様子は花月や村山から聞いていたが、なかなか素質があるという評価だった。詩美の同期には、児童福祉施設出身の18歳の練習生もいた。通常ならば、この2人のライバル物語をデビュー前から作っていくのだが、この練習生は3ヶ月で挫折してしまった。練習についていけないことと、他人とのコミュニケーションが取れない、この2点が辞める原因だという。詩美の成長が目覚ましく、遅れを取っていたため、比較されることが耐えられなかったのだろう。プロレス自体、誰かと競ったり、見比べられたりしながら披露していくものだから、考えそのものが甘かったと思う。

詩美は7月のプロテストに合格した。その日を情報解禁日とし、ビッグダディの娘であることを明かした。デビュー戦の相手はジャングル叫女に決めた。詩美と叫女は、詩美のプロテストのスパーリングで一度肌を合わせている。そこで見せた肉体と肉体のぶつかり合いは、まさしくプロレスの醍醐味だった。詩美の非凡なパワーを発揮するには、スタームダム切ってのパワーファイターである叫女がうってつけだと思ったのである。

詩美のプロレス・センスは抜群だ。

攻めもいいが、なによりもやられているときの表情がいい。受身がしっかりしているから、見ていてまったく不安を感じさせない。あとは時間をかけて体を作り上げること、キャリアを重ねることだ。

ビッグダディの娘ということを差し引いても、プロレスラーとして底知れない可能性を秘めた林下詩美。この抜群の素材をこれからどう料理していくか。私の腕の見せどころだ。

次代のエース候補・渡辺桃

5月5日、イオは花月を下して白いベルトのV10に成功して、あとは退団を発表するだけになっていた。

春先にはフジテレビの「めちゃ×2イケてるッ！」の最終回に出演し、女子プロレスファンにはおなじみのコーナー「めちゃ日本女子プロレス」で、現代最高峰の女子レスラーの技を全国のお茶の間に披露した。出演のきっかけは番組プロデューサーからの連絡。事務所に電話があって出演依頼を受けたが、「誰か共演する女子レスラーでNGの方はいませんか？」と気を遣ってもらった。

イオは禁断の**電流爆破マッチ**[※]にも勇敢に挑戦した。4月1日、名古屋国際会議場で行われた電流爆破マッチは、関係者やファンの間で賛否両論が飛び交った。ネット上は批判ばかりだったが、イオは決めたら徹底的にやり抜く性格だ。名古屋という場所柄、中日ドラゴンズのキャップを被り、オリジナルのベースボール・シャツで登場。その姿からは電流爆破をとことん楽しもうという気持ちが見えた。スターダムに電流爆破マッチは不要だという声をたくさん目にしたが、そんなことは百も承知だ。何もない状況にあえて波風を立てることも時には必要。スターダムは止まることのない運動体である。プロレスという無限の可能性で何を表現していくか、これは我々の命題なのである。だからといって電流爆破マッチは一度でいい。長い歴史の一部であればいいのだ。

イオのＷＷＥ行きが刻一刻と近づいてきた。その後継者作りが必要だった。

２月に渡辺桃が白いベルトに挑戦した試合を見て、「次は桃だな……」と頭をよぎった。

桃の思い切りのいいファイトは、他の選手にない新鮮さがある。それにまだ18歳の若さは何にも代え難い。

桃は高校に入学直後から、「高校を卒業したら、スターダムに就職します」とよく言っていた。ひと昔前なら学校に通いながらプロレスするなどあり得なかった。興行も多いため、暗黙の了解として高校を中退しなければプロレスができない仕組みだった。

しかし、行けるのだったら学校は行った方がいい。人生のすべてをプロレスだけに費やす時代はとっくに崩壊しているのだ。

とは言え、学校とプロレスの両立はなかなか難しい。学生のうちは練習量も限られるし、外せない学校行事もある。だから、私としては彼女たち学生レスラーがプロレスに専念するのは卒業後だと割り切っている。

桃は２０１８年春に高校を卒業し、晴れてスターダムに就職してプロレスラーになった第１号だ。

桃の良さは考えや行動に邪念がないこと。良く言えば純粋で真面目。まだまだ色気より食い気が優先する。18歳、シンデレラ・トーナメント２０１８に優勝し、２度目の挑戦で白いベルトの王者になった。桃はビジュアル面でも努力しているし、王者の貫禄と品格が身に付いている。女子プロレ

渡辺桃の若さ溢れる思い切りの良いプロレスは、新生スターダムの象徴だ。
彼女がこれからどこまで上り詰めるか、目が離せない。

ス大賞三連覇のイオに完勝してしまったのだから、その未来は果てしなく無限大。イオが樹立した白いベルトの防衛記録だって追い抜く可能性は十二分だ。女子プロレス本来の魅力である若いエースの座に就こうとする桃は、これからどこまで上り詰めるのだろう。

逸女が魅せた世界への飛翔

2018年5月、イオのWWE移籍が正式に決まった。

5月29日、私はイオを伴い、マスコミを集めて記者会見を開いた。首の怪我などが理由で契約こそ遅れていたが、アメリカ行きは時間の問題だった。だから、会見は湿っぽさとは無縁の、サバサバしたものだったと記憶している。

イオのスターダム最後のリングは、6月17日の後楽園大会とした。誰とやりたいのか、イオに意見を求めると「最後は麻優と組みたい」と言う。麻優はイオにとって、スターダムを盛り上げてきた戦友であり、激しい試合でしのぎを削ってきたライバルでもある。そんな麻優と組むことで、のびのびと最後の試合を楽しもうと考えたのだろう。

報道を通じてイオの退団・移籍が世間に知られるようになると、嬉しい驚きがあった。後楽園大会のチケットの販売が急激に伸びだしたのだ。チケットは飛ぶように売れ、毎週のように百枚単位の注文が入ってくる。私は急遽、普段は選手入場口として使っている北側席の開放を決めた。スターダムを創設してもうすぐ8年になろうとしていたが、こんなことはかつて一度もなかった。

そして、当日。後楽園ホールは大勢の観客で溢れかえった。正式発表は観衆1571人。スターダムの後楽園大会では初の超満員札止めだ。

やはり満員の会場は雰囲気が違う。場内は第一試合から異様な熱気に包まれており、選手の一挙手一投足で大きく湧く。この日のカードは全6試合。イオの壮行試合はメインではなく、あえてセミファイナルに組んだ。メインは、渡辺桃とジャングル叫女のワンダー王座戦だ。イオが去っても、スターダムは続く。満員の観衆にこれからのスターダムを見せたかったからだ。

イオは麻優と組み、花月&葉月と闘った。久々に復活したサンダーロックだったが、2人の息はぴったりとあっており、花月と葉月の奮闘もあって好試合になった。メインの渡辺桃も、これからのスターダムを背負っていく覚悟がうかがえる、好ファイトを繰り広げた。

満員の観衆というのは、イオがこれまで積み重ねてきたプロレス人生の結果でもある。7年前、「スターになりたい」とスターダムの門を叩いたイオは、見事に記録を塗り替えてみせた。

興行というのは、お客が入ってこそ。そういう意味でも、この日の後楽園大会は大成功といえるものだった。

イオはその後、アメリカにわたり、第二回メイ・ヤング・クラシックに出場。優勝を期待されて

超満員の観衆に見送られて旅立ったイオ。スターダムもまた、団体として次のステージに向かって突き進んでいかなければならない。

いたが、残念ながらトニー・ストームに敗れて準優勝に終わった。だが、私は焦る必要はないと考える。日本のファンはすぐに結果を欲しがるが、WWEはもっと長いスパンで物事を見ている。イオほどの実力があれば、いずれトップ戦線に上がってくるだろう。

日本のファンはすぐに結果を欲しがる傾向がある。

プロレスの神からの贈り物

2018年夏、私は単身でメキシコに渡った。

5★STAR GP2018が開催中にも関わらず、メキシコに行ったのには理由がある。メキシコに帰省中のナツミが15歳になったので、キンセネラと呼ばれるお祝いパーティーが開催される。そのパーティーに出席するのが目的だ。

このキンセネラは日本でたとえると、成人式のようなもので、15歳を迎えた記念に女の子たちはそれぞれ個人個人でお祝いをするしきたりになっている。パーティー当日、ナツミの自宅にはヘアメイク・アーティストがやってきて、髪を整え、化粧を施す。それが終わると白いリムジンカーに乗ってパーティー会場であるサロンに移動する。

サロンには親族や友人、関係者が招待されており、神父が誓いの言葉を述べるセレモニー、そして男性一人ずつとダンスを踊りながら、パーティーは進行する。

15歳のナツミは真紅のドレスを着ており、まるでレディのような雰囲気に変身していた。ナツミは1年も前から私の娘になることを懇願していた。母親のマリーもナツミの意向を尊重し、「ナツミの将来は頼む」と私に託してきた。急な話だったがそれは、きっとプロレスの神から与えられた縁じゃないかと私は思っている。いきなり娘みたいな存在ができるなんて私ならではの運命だろう。

星輝ありさが戻ってきた

夏が終わる頃、岩谷麻優が一期生の同期で最初のパートナーだった星輝ありさと会ったと言ってきた。麻優はスターダムで復帰しないか、と誘ったという。本当にやる気があるのか、直接本人と話さなければ答えは出せない。

9月中頃、ありさがスターダムの事務所がある亀戸にきた。さかのぼること約半年前、3月28日の後楽園大会で風香の退任セレモニーを行ったとき、ありさはその場にきていたが、じっくり話をするのはいつ以来だろうか……。食事をしながら、酒を酌み交わした。

まるで離れて暮らす娘と久しぶりに再会したような、不思議な感覚。まさか、ありさと酒を飲みながら語り合う日がくるなんて……、人生はいくつになっても面白い。

22歳になったありさは相変わらず雄弁で、好奇心旺盛な性格は変わっていない。6年半前、なんの前触れもなく去っていったが、世の中に出て挫折も味わっただろうし、精神的にも強くなったと感じた。今のありさには何の不安もない。プロレスに対するやる気も十分うかがえた。ありさは手足が長くスレンダーで身体能力も高い。持って生まれたスター性は誰も真似ができない。まさにスターダムの申し子なのだ。

離れていた選手がこうやって戻ってきてくれるのは嬉しい限りだし、団体としてグッと厚みが増すのである。どこの団体でも新人の出入りというものはあるものだ。だが、あまり目立たないから、表向きのダメージが少ないように見える。スターダムの場合は、新人選手を華々しくデビューさせているから、余計に選手が抜けると目立つのかもしれない。女子プロレス団体の生命線はいかに多くの新人を輩出できるかにかかっている。新陳代謝が活発化していない団体は、延命治療を受けて、ただ生きながらえているのと同じだ。すなわち新人が誕生しない団体には、未来がない。かといって、デビューしたばかりの他団体の新人をわが物顔で起用するのは、まったくのナンセンスだ。

所属選手が増えていくことは、イコール団体に魅力があるということに繋がる。それではスターダムの団体としてのセールスポイントは何かといえば……そこに輝くリングがあり、熱心なファンが支え、多くのメディアでも広く扱われているということだろうか。

また、リングドクターが帯同し、体のメンテナンスはもとより、バックステージにはケータリン

2018 年 11 月 23 日には一期生の星輝ありさが復帰。AMA が帰ってきた。

グの用意もある。選手は試合と練習に専念する環境が作られ、営業活動やチケット販売のノルマはない。そしてギャランティが高いなど……たしかにひと昔前に比べれば見劣りする面も多々あるだろう。もっと観客動員数をアップしなければならないし、大会場への進出も必須だ。メディア戦略、選手育成などわれわれも決して今の状況に満足しているわけではない。いつも志は高く、大きなステータスを築きたい。それはこの仕事に従事している限り終わりなき永遠のテーマなのである。

全女から始まったプロレス業界生活も42年の歳月が流れたが、私にとっては今が一番充実しているしやり甲斐があるし、楽しい。私の年齢やキャリアになると「昔はよかった」とか「昔のプロレスの方がおもしろかった」などと回顧する者もいるが、生きてきた時代が違うから比較できないし、プロレスそのものだけを見れば、明らかに現在の方がすごいことをしているのだ。

私はいつだって現役で現場にこだわっている。昔話をしながら過ごすのは第一線を退いてからでいい。今はスターダムの歴史を作っている途中である。これからスターダムがどんな歩みを見せて、どんな進化と変化を遂げるのか。想像するだけでも楽しいし、現実にさせていく宿命がある。

女子プロレスこそ我が人生

２０１８年度のプロレス大賞は林下詩美が新人賞を受賞した。

スターダムではこれまで２０１１～１７年の７年間で、５度にわたり女子プロレス大賞を受賞という偉業を達成している。このプロレス大賞の授賞式は業界最高峰の社交の場でもある。メジャー団体の選手と接することはプロ意識も芽生えるし、プロレス界に知れ渡る機会だ。なんだかんだと言われても団体のトップが集う場所はここしかないから、やはりこの場を目指すべきだろう。

女子プロレス大賞には渡辺桃がノミネートされたが、選考委員から多くの票を集められなかった。得たのはたった1票だったが、女子プロレス界で4番目という事実は誇ってもいいだろう。桃は18年に開催された後楽園ホール大会で、実に9回もメイン出場を果たしている。これはもちろん女子プロレス団体一であり、今後もそうそう現れない記録だと思う。

まだ18歳の桃には無限の可能性があるし、私的には女子プロレス大賞をあげたいところだ。

私は２０１０年からほぼ毎年、授賞式に出席しているが、詩美のおかげでまた授賞式に参加することができた。ここ10年間でプロレス大賞に絡んだ女子団体は3つしかない。スターダムの歴史は業界に認められた栄光ロードなのだ。

２０１９年、スターダムは8周年記念を迎える。オリンピック・イヤーの２０２０年と10周年記念を迎える２０２１年は重要なタイミングだと感じている。

私のプロレス生活も終盤戦に入った。

だから止まることなく、突き進んでいく。

2019年3月14日にはルチャ・リブレの大会を後楽園ホールで開催する。30年来の友人、ウルティモ・ドラゴンの協力を得て、90年代に見たあの頃のルチャを再現するのだ。イホ・デル・サント、レイ・ワグナー、ミステリオソ、ボラドール、シルバー・キング、ケンドーらを招へい。楽しいことを存分にやっていく。それでこそ、また新しいパワーとモチベーションが湧き出るのだ。そしてレッスル・マニア・ウィークの最中、4月5日にはニューヨークのクイーンズでスターダムのアメリカ大会を敢行する。これも、たまたま会場の空きがあり、だったらニューヨークに乗り込もうと直感した次第だ。

私は恵まれた強運と培ったノウハウや人脈、そして直感で運命を切り開いてきた。だから決まったルーティンはない。

やりたいことが脳裏に浮かんだら即、実行していく。

表向きは派手に、内情は地味にという私の基本姿勢は変わらない。

長い間、業界で生き残る術は初心忘るるべからず。プロレスが好きで夢中になったあの少年時代の気持ちを今もどこかに持ち合わせているのだ。そしてミーハーな好奇心も失われてはいない。

私にとってスターダムはプロレス生活の集大成で、人生の楽園でもある。女子プロレスは我が人生、女子プロレスで生き残ることで、皆さんに面白い世界を提供していくことが私の使命だ。

7章に登場するプロレス関連の用語集

《P269》

■パイパー

スコットランド出身。08年デビュー。身長166センチ、体重100キロという超重量級で、パワー溢れるファイトが身上。スターダムには16年1月から参戦し、クイーンズ・クエストの一員として活動。

《P270》

■ケイ・リー・レイ

スコットランド出身。09年デビュー。12年に初来日し、JWPや我闘雲舞に参戦。その後はアメリカのインディー団体などを渡り歩く。スターダムには16年に参戦した。

■渡辺桃

14年、デビュー。当時は中学3年生だった。17年2月に膝を負傷、同年9月に復帰すると思い切りのいいファイトで頭角を現し、18年4月のシンデレラ・トーナメントで優勝。5月には紫雷イオを破り、ワンダー王座を獲得、若きスターダムのエースとして防衛を重ねている。

■美邑弘海（みむら・ひろみ）

舞台女優を経て、14年にスターダムに入門。〝シャウト〟と叫び人気を獲得。18年、30歳になったのを機に引退した。

《P273》

■ルチャ・アンダーグラウンド

メキシコのプロレス団体AAAが北米進出にともない、全面協力し2014年に立ち上げたTV番組。練りこまれたストーリー、作りこまれた映像が特徴。エグゼクティブプロデューサーには、映画監督のロバート・ロドリゲスが就いている。日本ではサムライTVで放送されている。

《P274》

■レイ・ミステリオ・ジュニア

アメリカ・カリフォルニア州出身。世界一有名なルチャドールで必殺技は「619」。1989年にメキシコでデビュー。WCWやWWEなどメジャー団体でルチャのテクニックを披露している。

《P276》

■トリッシュ・ストラタス

カナダ出身。WWEの元女子レスラーで、ディーバの完成形と称されたスーパースター。13年にWWE殿堂入りした。

《P280》

■NWA

ナショナル・レスリング・アライアンス（全米レスリング同盟）。48年に5人のプロモーターが集まり発足。当初はアメリカ中西部を主体としていたが、加盟するプロモーターが続出。60〜70年代にけ黄金期を築き、世界最大のプロレス団体と称された。日本ではジャイアント馬場が

3度世界ヘビー級王座を獲得。80年代に入り、WWFが台頭すると衰退した。

■トニー・ストーム
ニュージーランド出身。09年に13歳でデビュー。確かなレスリング技術と美貌を兼ね備えたスター候補。スターダムには16年に登場。一時は所属選手となったが、WWEと契約。18年現在は傘下のNXT UKで活動している。

《P288》
■HZK（はずき）
中学卒業後の13年10月にスターダムに入門。切れ味鋭い、スピーディーなテクニックが持ち味。家庭の事情から一時的に離脱するが、16年に復帰。クイーンズ・クエストに所属したが、大江戸隊に加入。リングネームを葉月に改めた。

《P292》
■ニクソン・ニューウェル
イギリス出身。13年デビュー。端正なルックスからヨーロッパのエース候補として17年、スターダムに来日。17年、WWEと契約。18年の第二回メイ・ヤング・クラシックに出場するも試合中に足を骨折。ティーカン・ノックスを名乗る。

《P294》
■NXT
WWEの傘下団体、および同団体の試合を放映するテレビ番組名。「エヌ・エックス・ティー」と発音。新人発掘の色合いが強く、活躍した選手はWWEに昇格することがある。紫雷イオやカイリ・セイン（宝城カイリ）、シェイナ・ベイズラー、ダコタ・カイ（イーヴィー）など、スターダムゆかりの選手も大勢所属している。

《P295》
■中野たむ
16年、アクトレスガールズでデビュー。プロレスに入る前はアイドルをしていただけあって、高い自己プロデュース能力を誇る。17年6月、大仁田厚との合同興行で注目を浴び、7月にスターダムに初参戦。11月、花月とともに入団し、所属選手になった。18年12月に旗揚げしたスターダムアイドルズではGMを務める。

■ナツミ
メキシコ・メキシコシティ出身。日本とメキシコのハーフ。母は女子プロレスラーのマリー・アパッチェ。祖父グラン・アパッチェの死がきっかけで、プロレスラーになることを決意。18年3月、15歳で来日し、スターダムでデビューした。メキシコの名門プロレス一家の血を引く、サラブレッド。

《P297》
■ミルドレッド・バーク
アメリカ・カンザス州出身。不世出の初代世界チャンピオン。1935年にデビュー。54年には来日し、蔵前国技館で試合をしている。全日本女子プロレスとは、自身が育成した選手を斡旋するなど関係が深く、全女の北米の窓口として長く活動した。89年、73歳で死去。

■ファビュラス・ムーラ

アメリカ・サウスカロライナ州出身。40年代後半にデビュー。56年に初代WWFの王者になり、30年近く同タイトルを保持し続けた。日本マットには60年代に登場。巴幸子や小畑千代、ナンシー久美らと激闘を繰り広げた。その後もWWFを中心に活躍、80歳を過ぎてもリングに上がった。07年、84歳で死去。

《P298》

■東方英雄伝

中国初の本格的なプロレス団体。株式会社アシストという日本企業が運営。プロレスリング・ノアと業務提携をしている。

《P300》

■坂井澄江

実業団で柔道選手として活動した後、97年に吉本女子プロレスJd'でデビュー。03年にJd'を退団後は渡米し、アメリカを拠点に活動。北米マットに幅広いコネクションを築いている。初代WOH王者。

■ROH

アメリカのプロレス団体。02年に設立。「アール・オー・エイチ」と発音。新日本プロレスと提携するなど、日本マットとの交流が盛んで、選手単位での交互参戦も多い。

《P304》

■林下詩美（はやしした・うたみ）

18年3月にデビューした、ビッグダディこと林下清志氏の三女で、期待の超大型ルーキー。デビューから3ヶ月でタッグチャンピオンであるゴッデス・オブ・スターダム王座を奪取（パートナーは渡辺桃）するなど、目覚ましい活躍を続け、18年のプロレス大賞新人賞に輝いた。

《P308》

■電流爆破マッチ

18年4月1日、名古屋国際会議場大会で行われた、紫雷イオ&中野たむvs花月&夏すみれの「ストリートファイト・トルネード・有刺鉄線電流爆破バットデスマッチ」のこと。15分過ぎに花月がフルスイングした爆破バットがイオを直撃、イオは爆風と火花に包まれ、両ふともにやけどを負った。

あとがきにかえて

このオッサン、誰？

これが私、岩谷麻優の小川社長に対する第一印象です。……って、小川さん（←普段通りの呼び方ですので、以下、そう書きます）、あとがきが私でいいんですか？　まぁ、今のスターダムの選手の中で小川さんと一番付き合いが長くて、一緒にいる時間が誰よりも長いのは私ですからね。

私がプロレスラーになりたいと思ったキッカケはテレビでドラゴンゲートさんの試合を見て感動して……もっと知りたいと思って、プロレス情報を発信する、あるサイトを見ていました。

そのサイトでは風香さんも連載をされていて、スターダムの設立の話を知ってコンタクトを取ったことに始まります。ですから、当然、風香さんの顔は知っていました。迎えにきてくれた東京駅でお会いした時は不安だった分、ホッとしたものです。

そして……その風香さんの横に立っていたのが小川さんだったのです。風香さんのコラムに名前は出ていたし、上京後は一緒に住むということもメールで知らされていましたが、〝小川さん〟という人の顔は知らず。このオジサンがそうだったとは！　それが「このオッサン、誰？」という第

ロッシー小川を最もよく知る岩谷麻優。2人の関係はこれからも続く。

一印象の理由ですね。まさか、あの日から8年以上もお世話になるなんて！

私が上京した時の話ですが……所持金が３０００円だったのは事実です（笑）。いや、本当に６０００円はあったんですよ。だけど、上京する前日に「これが最後だろう」と、友達とプリクラを撮ったりして……。あと、原稿にも書かれていますけど、その上京の交通費を小川さんが出してくださったんですね。だから、新山口駅で「これはお土産を買わんと失礼だろう」と思って小川さんと風香さんにお土産を買ったんです。それが所持金３０００円の真相です。

あと、本の中で〝ランニング迷子事件〟について書いてありますが、私は小川さんに気合を見せたかったんです。でも、私はプロレスラーになる前は2年以上の引きこもり生活をしていて体力なんてあるハズがないんです！（↑キッパリと書くことではありませんが……）

当時、小川さんと一緒に住んでいた家を張り切って飛び出したものの……時効になるのかどうかもわからないけど、走ったのは10秒位ですよ！　はい、スグにバテまして。しかし、気合を見せるフリでその辺をブラブラ歩いているうちに本気で道に迷って……まぁ、今も方向音痴ですけど。

さて、小川さんのスゴイところですが、やっぱり臨機応変なところでしょう！　あらゆることを瞬時に判断して、結果として良い方向へ持っていく……この8年間で何度も見ています。頭の切り替えが早いな〜って、何度、思わされたことでしょうか。

選手としては考えを否定しないし、自由にさせてくれるところもスゴイなって思います。たとえば、今の私のイメージカラーはスカイブルーですけど、海外で試合する時はコスチュームを赤とかに変えてみたいって提案したんですね。でも、自分で考えたものの、不安でもあるんですね、イメージが変わることだから。すると「あ、それ、いいじゃん!」ってノリノリになってくれて、それで不安もなくなりますし、自信にもなるんです。新しくやってみようと思う技を相談すると、基本的には「やってみればいいじゃん」って感じで。そうそう、今、私のフィニッシュムーブの二段式ドラゴンスープレックスも小川さんが「こんな感じでできないの?」って提案したものなんですよ!と、こんな感じで8年ほど小川さんと一緒にいて一番印象的なのは……一度だけ涙を見たことですかね。2015年2月22日。あの事件の日の夜、寮のリビングで泣いている小川さんを見て……。小川さん自身は否定するでしょうけど、あれっきりですからね、小川さんの涙は。

私のように地方から上京して、お世話になっている場合、〝東京の父〟って言い方をするじゃないですか?　でも、私自身が母子家庭だったこともありますけど、本当の父親だと思っています。プロレスラーとしてもプライベートでも、一期生ということもあって、めちゃくちゃ可愛がってもらえたと思っています。だから、時々、冗談半分で言いますけど、小川さんが死んだら、自分の家に位牌を置きますって(笑)。これからも来るべきスターダム10周年に向けて、頑張りましょう!

〝スターダムのアイコン〟岩谷麻優

著者紹介

ロッシー小川（ろっしー・おがわ）

1957年5月1日、千葉市出身。東京写真専門学校在学中に全日本女子プロレスのオフィシャル・カメラマンとなり、78年1月に全女に正式入社。広報担当としてクラッシュ・ギャルズの芸能マネージャーなどを経て、取締役企画広報部長になり、90年代には団体対抗戦を仕切った。97年に全女を退社し理想を求めアルシオンを設立。以降、AtoZ、JDスターではマッチメイカーを務め、風香祭、ゆずポン祭りをプロデュース。11年1月に新団体スターダムを旗揚げし、代表取締役に就任。多くのスター選手を輩出する女子プロレス界の名伯楽である。

構成協力：入江孝幸
取材・制作協力：株式会社スターダム

【実録】昭和・平成女子プロレス秘史

2019年2月21日　第1刷

著　者　ロッシー小川

発行人　山田有司

発行所　株式会社　彩図社
東京都豊島区南大塚 3-24-4
MTビル　〒170-0005
TEL：03-5985-8213　FAX：03-5985-8224

印刷所　シナノ印刷株式会社

URL http://www.saiz.co.jp　Twitter https://twitter.com/saiz_sha

ISBN978-4-8013-0352-2 C0075